Heinrich Kadelburg

Fünfzehn Jahre des deutschen Theaters in San Francisco.

Heinrich Kadelburg

Fünfzehn Jahre des deutschen Theaters in San Francisco.

ISBN/EAN: 9783743327979

Hergestellt in Europa, USA, Kanada, Australien, Japan

Cover: Foto ©ninafisch / pixelio.de

Manufactured and distributed by brebook publishing software (www.brebook.com)

Heinrich Kadelburg

Fünfzehn Jahre des deutschen Theaters in San Francisco.

Louis Thors, Photo.   1025 Larkin Street.

Ottilie Genée

Statistischer Rückblick.

waren, nicht brodlos zu machen, und so wurden (Anfangs März) in *Platt's Halle* Versuche gemacht, deutsche Theater-Vorstellungen zu geben, leider aber musste man sich mit dem Versuche begnügen, denn der pecuniäre Erfolg war ein durchaus ungenügender. Dieses "Hangen und Bangen in schwebender Pein" dauerte bis zum 5. April 1868, wo die Direction zu einem 'coup desperation' Zuflucht nahm, d. h. man wollte den Sonntagszwang bekämpfen und eröffnete das *Metropolitan Theatre* am Sonntag, den 5. April, mit der Posse "Eine leichte Person". Dieses Glück war leider auch nur von kurzer Dauer. — Die gestrengen Wächter des Gesetzes hatten sich für eine jede Sonntagsvorstellung mit einer Geldstrafe von $50 zufrieden gegeben, — aber am 17. Mai erfolgte ein unerbittliches "Stop" und die deutsche Kunst war wieder auf das Trockene gesetzt. Schon am Sonntag, den 19. Januar, hatte man versucht, eine Vorstellung unter der Flagge "sacred Concert" die Posse "Krethi und Plethi" zu geben, — aber am nächsten Tage fand man die Anzeige in den Zeitungen: "Wegen Erkrankung zweier Mitglieder musste die Vorstellung unterbleiben." !!! Nun war guter Rath theuer. Man gab sich der trügerischen Hoffnung hin, den National-Stolz der wohlhabenden Deutschen zu wecken, um diese zu veranlassen, ein selbstständiges "Deutsches Theater" in Form eines Actien-Unternehmens zu erbauen; aber, wie gesagt, es war nur eine trügerische Idee, die sich leider *bis heute noch nicht realisirte*. — Die Mitglieder waren da, ungeheure Summen waren bereits geopfert, man musste also Vorstellungen arrangiren. Man miethete Platt's Halle und wandelte dieses Local in ein Theater um. Diese Idee muss leider als recht unpraktisch bezeichnet werden. Platt's Halle wurde schon damals, wie auch noch heute, zu Concerten, Bällen, Massen-Versammlungen u. s. w. benutzt, die Direction sah sich also veranlasst, einen transportablen Dress-Circle und Parquet anfertigen zu lassen. Dieses Verfahren kostete Geld, viel Geld und der Besuch der Vorstellungen war schlecht, sehr schlecht. Die Saison daselbst wurde am 28. August 1868 eröffnet mit der ersten Liebhaberin, Frl. Olga von Plittersdorf, welche schon vorher einige Male im Metropolitan Theater aufgetreten war.

Am 1. Januar 1869 erfolgte der Schluss der Vorstellungen in Platt's Halle und es zeigte sich wieder recht deutlich, dass für das Gedeihen eines deutschen Theaters der Sonntag unumgänglich nothwendig ist, ebenso ein den Ansprüchen des hiesigen Deutschthums

Statistischer Rückblick.

genügendes Local. Um aber die Saison zu Ende zu führen, spielte man abwechselnd in Janke's Turn-Halle und Metropolitan Theater weiter. Bei dieser Gelegenheit œffnete man das Hinterthürchen des so strengen Sonntagsgesetzes und spielte flott Sonntag's in der Turnhalle, indem man die Vorstellungen unter den Auspicien "Dramatischer Verein 'Frohsinn'" segeln liess und in den Anzeigespalten "Zum Schluss grosser Ball" ankündigte, welcher natürlich nie stattfand.

Wohl wissend, dass unter solchen Verhæltnissen das deutsche Theater in San Francisco nicht floriren könne, nahm Frau Ottilie Genée einen vortheilhaften Gastspiel-Antrag der Direction des New Yorker Stadttheaters an, und wurde ihr vor ihrer Abreise, am 6. August 1869, von den hervorragendsten Bürgern der Stadt im Metropolitan Theater ein glänzendes Complimentar-Benefiz veranstaltet. Während ihrer Abwesenheit wurde die brennende Sonntagsfrage entschieden, d. h., es wurde den freien Bürgern der grossen Republik *erlaubt*, Sonntags ihren Vergnügungen nachgehen zu dürfen und so auch Theatervorstellungen zu veranstalten. Alle Freunde der deutschen Kunst glaubten jetzt voll Enthusiasmus Frau Genée die glanzendste Zukunft prophezeien zu dürfen, *denn am Sonntag darf gespielt werden!* —

Von dem Sonntagsfreiheits-Gedanken beseelt, kam Frau Genée nach San Francisco zurück und eröffnete am Sonntag, den 20. Februar 1870, im *California-Theater* die regulaire Saison, um sie gleich bis 7. August, also während der ganzen Sommermonate, durchzuführen. (Heute wäre das wohl bei der Concurrenz der Picnics ein Ding der Unmöglichkeit!)

Nach einer nur kurzen Pause von 4 Wochen begann am 4. September die zweite Saison; dieselbe dauerte bis zum 2. April 1871 und endete mit einem Complimentar-Benefiz für Frau Ottilie Genée, bei welcher Gelegenheit ihr die schmeichelhaftesten Auszeichnungen von Seiten des Publikums zu Theil wurden. Unter Anderem überreichte Frl. Minna Kœster Frau Genée auf der Bühne einen Blumenkorb, welcher eine Goldbarre nebst einem kostbaren Medaillon enthielt, mit folgender, von Frl. Kruse verfassten poëtischen Ansprache:

> Ich soll dies Körbchen hier Dir überreichen
> Mit Blumen fein und zierlich ausgeschmückt.

Statistischer Rückblick.

Es ist ein Frühlingsgruss, ein Liebeszeichen
Von deutscher Frauenhand für Dich gepflückt.
Bei'm grossen Liebeswerk, das jüngst mit ernstem Streben
Die deutschen Frauen aneinander band,
Da hat wohl Jede, die Dir nah' getreten,
Auch Deinen echten deutschen Sinn erkannt.
Du wirktest treu mit Allen im Vereine
Als Jüngerin der Kunst unendlich viel.
In Unermüdlichkeit warst Du der Besten Eine
Und halfst erreichen das gewünschte Ziel.
Wie Du die Achtung vieler Dir erworben,
Das zeige Dir dies' Blumenkörbchen heut',
Und mög' es Dich nach Jahren noch erinnern
An die einst hier verlebte grosse deutsche Zeit. —

Die Saison von 1871–72 begann am 23. Juli und zeigt schon das an anderer Stelle mitgetheilte Personal, welche Fortschritte das deutsche Theater zu verzeichnen hatte. Man liess Gäste von Renommé kommen; auf das erfolgreiche Gastspiel von Mathilde Veneta folgte das des rühmlichst bekannten Gesangs- und Charakter-Komikers Ernst Rethwisch, welcher am 3. December auftrat und bis Schluss der Saison (28. April 1872) im Engagement verblieb. Man kann ersehen, wie die Direction bemüht war, das Beste zu leisten, leider aber ohne pecuniären Erfolg. Schon machte man sich mit dem Gedanken vertraut, das "Scepter" niederzulegen, — doch die Ankunft der damals berühmten *Fabbri Oper* ermuthigte die Direction auf's Neue, die Leitung der Bühne ferner zu übernehmen. Mit diesen Opern-Aufführungen wurde ein grosser künstlerischer Erfolg erzielt, und kann man an anderer Stelle ersehen, wie abwechslungsreich das Repertoir gewesen. Die Opernsaison begann am 6. October 1872, schloss am 17. November und wurde am 2. März 1873 mit Herrn C. Speigler auf zwei Monate wieder aufgenommen. Die dramatische Muse, welche mit dem Wiederauftreten des hier schon vom Jahre 1867 her beliebten Komikers *Julius Ascher* am 24. December 1872 in ihre Rechte trat, behauptete, mit Ausnahme oben angeführter Unterbrechung, bis zum Schlusse der Saison (27, April) das Feld.

Um jetzt Nachstehendes zu motiviren, erscheint es mir nothwendig, nochmals zu bemerken, dass sämmtliche Künstler, seien es

STATISTISCHER RÜCKBLICK.

engagirte für die Saison, oder auch Gäste, stets auf alleinige Kosten der Direction die weite Reise unternahmen; wenn man berechnet, dass der Gagen-Etat für die vier Spielabende im Monat eben so hoch, als ob man täglich spielte, wenn man die enorme Miethe, Anzeigen und hundert sonstige Ausgaben in's Auge fasst, Ausgaben, die $800—$900 pro Vorstellung Kosten ergeben, so wird man wohl nicht läugnen können, dass eine bedeutende Energie, ja, ich möchte sagen, Muth dazu gehört, dies Alles auf eigenes Risico durchzuführen. Man sollte denken dass, wenn so viel gewagt wird, die Einnahmen auch entsprechend hoch sein müssten; — wie oft die Direction sich in ihren Erwartungen getäuscht gesehen, kann Niemand besser beweisen, — — — — als das Cassen Buch, denn Zahlen sprechen deutlicher, als der Blick des Theaterbesuchers.

Ich will durchaus nicht behaupten, dass die Directionsleitung eine immer tadellose gewesen, nein, gewiss nicht; bedenkt man aber die weite Entfernung aller Bezugsquellen, die Hindernisse, die sich einem deutschen Unternehmen entgegenthürmen, so darf man keinen so strengen Massstab anlegen. Dr. Karl Frenzel sagt in seiner "Berliner Dramaturgie": *"Niemand wird behaupten, dass die Verwaltung der deutschen Hoftheater immer tadellos gewesen, immer von den hoechsten kuenstlerischen Grundsaetzen geleitet worden sei. Die wunderlichsten Missgriffe sind bei uns, in Wien, in Dresden, ueberall vorgekommen. Gesuendigt wird eben innerhalb und ausserhalb Ilions."* Was einem Hoftheater nachgesehen wird, das müsste man einem Privat-Theater und zumal hier in San Francisco wohl noch viel eher verzeihen! Dieses hat für die unverhältnissmässig hohen Kosten *allein* zu stehen, während ein Hoftheater oft einen ganz enormen Zuschuss erhält. — —

Das hiesige Theater ist ein schwer zu lenkendes Schiff, es segelt immer zwischen Klippen und hat furchtbare Stürme zu bestehen; ja, noch vor ganz kurzer Zeit wehte ein politischer Wind, welcher ganz darnach angethan war, das deutsche Theater in sein früheres Nichts zurückzuwerfen; *denn ohne Sonntag kann und kann das deutsche Theater hier nicht bestehen.* Oft habe ich der Presse sowohl wie dem Publikum den stillen Vorwurf gemacht, dass Beide nicht vereint Hand in Hand darauf hinarbeiten, ein deutsches National-Theater hier zu errichten; dann wäre jede Gefahr mit dem Sonntagsgesetze beseitigt; man hinge nicht mehr von der Gnade der englischen Directoren ab und könnte mehr als einmal wöchentlich

Louis Thors, Photo.   1025 Larkin Street.

MAGDA IRSCHICK,
FRANCISCA ELLMENREICH,

Statistischer Rückblick.

spielen; denn das Publicum wurde aus seiner Lethargie geruttelt werden. Ich meine, das Gros des Publikums, das sich mit einer Consequenz dem deutschen Theater fern hält, nicht etwa aus Mangel an Theilnahme für die darstellende Kunst, nein, nur weil die meisten nicht deutsch sein wollen und lieber das englische Theater "patronisen", wie hier der landläufige Ausdruck für *Theater besuchen* lautet. Schon früher habe ich die Idee angeregt, dass ein deutsches National-Theater nicht nur ein prächtiges Monument wäre, das die Deutschen der deutschen Kunst setzen, nein, es wäre auch ein lohnendes Unternehmen, wenn dasselbe in sachverständiger Weise begonnen und fortgeführt würde. Meine Idee war und ist, dass sich eine Actien-Gesellschaft bilden möge, welche sodann Actien zum Nominalwerthe von $2.50 bis höchstens $5.00 auszugeben hätte, so dass *jeder* Deutsche sich durch Zeichnung von Actien an der Sache betheiligen könnte. Den wohlhabenden Deutschen wird es ja gleich sein, ob dieselben 20 Actien @ $100, oder 400 @ $5.00 zeichnen. Würde da der Deutsche, welcher jetzt dem Theater fern steht, nicht von seinem Nationalstolze, der doch jedem Deutschen im Blute steckt, angefeuert werden? Würde er nicht mit Stolz sagen: „Ich gehe heute in *unser* Theater!"? Er würde es sagen; denn die Deutschen San Francisco's sind das beste Theater-Publicum der Welt, — — nur ist der Procentsatz der Betheiligung leider ein sehr geringer; denn von den 35,000 Deutschen, die hier leben, besuchen kaum 10 Procent davon deutsche Vorstellungen. Man beobachte nur an einem Spielabende das Auditorium: es ist wirklich interessant, zu sehen, wie gewisse Sitzplätze stets von denselben Personen eingenommen werden, es sei denn, dass dieselben durch die Feier von Verlobungen, Hochzeiten, Kindtaufen, *Surprise Parties, Picnics,* Bällen, oder sonstigen Familienereignissen, zu schönes oder zu schlechtes Wetter am Theaterbesuche verhindert seien. So lange aber derartige Abhaltungen in der Casse eines Theaterdirectors so erhebliche Deficits verursachen, kann dieser auf keinen grünen Zweig kommen. Im Verlaufe dieser Schrift werde ich noch den Nachweis liefern, wie die Direction stets bemüht gewesen ist, das Beste zu leisten. Das Beste aber, was die Direction erreicht hat, war, dass Null mit Null aufging und zwar im günstigsten Falle. In der Saison 1872—73 übertrafen trotz aller Gegenanstrengungen die Ausgaben bei Weitem die Einnahmen, so dass die Direction, **um** nicht unausgesetzt Verluste erleiden zu müssen, sich entschloss, von

STATISTISCHER RÜCKBLICK.

1873—74 das deutsche Theater eben nicht wieder zu übernehmen.
In dem Zeitraume von fünfzehn Monaten, in welchem die Direction Genée sich vom Schauplatz zurückgezogen hatte, wurde von verschiedenen Seiten der Versuch gemacht, dem deutschen Theater neues Leben zu geben, aber nach wenigen Vorstellungen umstanden Director und Gläubiger traurend die Leiche eines allzu spät dahingegangenen Schmerzenskindes. — — —

Am 30. August 1874 hatten die Spitzen der Deutschen Gesellschaft nach langem Zureden die Direction abermals veranlasst, den Commandostab zu übernehmen und so wurde unter oben erwähntem Datum mit frischem Muthe und froher Zuversicht auf's Neue das California Theater mit "Die Tochter der Hölle" wiedereröffnet, um bis heute ununterbrochen fortgeführt zu werden. — Dadurch, dass die Direction Genée stets und unter den schwierigsten Verhältnissen ihren Verpflichtungen nachgekommen ist, die Leitung des Theaters nach künstlerischen Grundsätzen führte, machte *das deutsche Theater in San Francisco von sich reden*. Im Personal- und Repertoire-Verzeichnisse wird man ersehen, wie zahlreich die Importationen waren, wie das Personal vervollständigt wurde und unter welchem abwechslungsreichen Repertoir die Saison ziemlich spät, am 9. Mai 1875, schloss.

Ueber die Saisons der Jahre 1875—76 und 1876-77 glaube ich rasch hinweggehen zu dürfen; denn ausser dem genau mitgetheilten Repertoir und dem Engagementswechsel verlief Alles in Regelmassigkeit und Ordnung. Durch das Engagement der Damen, Louisa Beckmann (Sängerin,), Alwine Heynold (Gesangs-Soubrette), des Herrn Th. Habelmann (erster Tenor) wurde es ermöglicht, mehr Abwechslung in das Repertoir zu bringen, so dass Operetten leichten Genre's mit Lust-, Schauspiel und Posse abwechselten. In Folge dieser Neuerungen vergrösserten sich selbstverständlich die Ausgaben, während die Einnahmen dieselben blieben — — mittelmässig. Die angestellten Versuche der Direction, mehrmals in der Woche Vorstellungen zu geben, blieben erfolglos. und man musste sich, wie noch heute mit dem *einen Spielabend am Sonntage* begnügen. Als am 1. April die Saison 1876-77 ihr Ende erreicht hatte, da konnte man mit Recht bei dem Cassen-Abschlusse sagen:

Er zählt die Häupter seiner Lieben
Und sieh', ihm fehlt *manch'* theures Haupt !

Doch Ehre gerettet — Alles gerettet ! — —

Statistischer Rückblick.

Dem erfolgreichen Gastspiele von Mathilde Cottrelly, mit welchem die Saison 1877–78 eröffnet wurde, folgte das der Frau Helene von Rakowitza. Am 21. October 1877 machte Frau Louise Rœckel ihr Debut und verblieb in Engagement bis zum Schlusse der Saison am 28. April 1878. Durch den pecuniären Gewinn der darauf folgenden Saison wurde Frau Genée in den Stand gesetzt, sich selbst nach Deutschland zu begeben, um ihren Bedarf an künstlerischen Kräften nach persœnlicher Prüfung wählen und vervollständigen zu kœnnen. Wer mit den Theaterzuständen einigermaassen vertraut ist, weiss, wie schwer es ist, deutsche Künstler zur weiten Reise über das Meer zu bewegen, um in der neuen Welt ein verhältnissmässig kurzes Engagement anzutreten. Es gehört nicht nur Geld sondern vor Allem der Credit eines hervorragenden Namens und Rufes nebst Opfern aller Art dazu, um derartige Reise nach Deutschland von wirklichem Nutzen begleitet zu sehen. Die Erfolge, welche Frau Genée mit ihren Engagements, namentlich mit dem der Frau Magda Irschick errungen, ermuthigten die erstere, nunmehr alljährlich die Fahrt nach der alten Heimath anzutreten, um den Wunsch des Publikums, bei Eröffnung der Saison stets neue Kräfte vor sich zu sehen, erfüllen zu können. Es hiesse dem Publikum Unrecht thun, wollte ich hier unerwähnt lassen, dass dasselbe, unbeschadet seinem Verlangen nach neuen Künstlergrössen, seinen *alten* Lieblingen ein stets freundliches Andenken zu bewahren pflegt und dieses gegen letztere bei jedesmaliger Wiedereröffnung der Vorstellungen auch in unzweideutigster und herzlichster Weise an den Tag legt.

Bei dieser Gelegenheit möge es mir gestattet sein, in so fern die üblichen Grenzen des Berichterstatters zu überschreiten, indem ich für mich als Mensch und Schauspieler einige Worte einfliessen lasse.

Seit fünf Jahren habe ich die Ehre, dem Verbande der deutschen Bühne anzugehören und mit wahrhaft verschwenderischer Gunst haben mich sowohl das verehrte Publicum als auch die gesammte hiesige Presse unverändert ausgezeichnet. Mit au richtiger Freude spreche ich demnach an dieser Stelle dem wohlwollenden, kunstliebenden Publicum, der geehrten deutschen und englischen Presse sowie der werthen Direction für die mir stets bewiesene Güte und Nachsicht meinen tiefgefühltesten Dank aus. Trotz des altbebekannten Auspruches :

"Dem Mimen flicht die Nachwelt keine Kraenze"

Statistischer Rückblick.

möchte ich doch recht herzlich bitten, mir auch fernerhin ein freundliches Andenken zu bewahren. — —

Das Interesse für das deutsche Theater steigerte sich von Saison zu Saison; in gleichem Maasse aber stiegen auch die Ansprüche. Dem genialen Ehrgeize der Direction gelang es, mit *Friedrich Haase*, dem groessten jetzt lebenden Künstler, ein Gastspiel für San Francisco in Berlin durch persönliche Uebereinkunft abzuschliessen.

Der erste der berühmten Gäste, welcher in der Saison von 1881-82 hier auftrat, war *Carl Sontag* und zwar mit einem bisher noch nicht dagewesenen Erfolge, der sich während seines ganzen Gastspiels gleichblieb (20. Nov. — 12. Febr.). Diesem bevorzugten Lieblinge der heiteren Muse folgte am 4. März *Friedrich Haase*, der hochgefeierte Charakterdarsteller, welcher in der Zeit vom 4. März bis 15. April nicht nur an Sonntagen, sondern auch Mittwochs mit dem glänzendsten Erfolge spielte und die Saison in würdigster Weise schliessen half.

Nach den bedeutenden künstlerischen Leistungen der verflossenen Saison hätte man es für fast unmöglich gehalten, noch weitere Zugkräfte dem Publicum zu bieten; nichtsdestoweniger gelang es dem unermüdlichen Streben der Direction, dem deutschen Theater einen neuen Reiz zu verleihen. Die hochgefeierte und begabte Künstlerin Franziska Ellmenreich eröffnete am 19. November 1882 ein Gastspiel mit einem geradezu sensationellen Erfolge und spielte in dem Zeitraume von elf Wochen — sechszehn Mal. Diesem interessanten Gastspiele folgte dasjenige des allerdings noch jungen Künstlers, aber doch schon sehr beliebten Komikers Adolf Link, welcher in der Posse "Durchgegange Weiber" am 11. Februar 1883 sein Erscheinen machte.

Ehe ich meinen Bericht schliesse, möchte ich mir erlauben, nochmals auf die von mir angeregte Idee, die Errichtung eines deutschen Nationaltheaters betreffend, zurückzukommen. Möchte doch die Tagespresse diesen Gedanken weiter verfolgen! Ich würde mich glücklich schätzen, zu hören:

"*San Francisco besitzt jetzt sein eigenes Deutsches Theater!*"

Ob es jemals dazu kommen wird?.... Die Zukunft wird es lehren. — — —

Louis Thors, Photo.   1025 Larkin Street

EMILY FISCHER   EUGENIE ORMAY.

ADA RAMM.

FANNY HELLER.   MATHILDE FLEISCHER.

Repertoir-Verzeichniss

Von 1867–1883.

Nachstehend findet man ein genaues Verzeichniss der in dem Zeitraum von fünfzehn Jahren hier aufgeführten Stücke nebst Angabe der Autoren:

Die vorkommenden Abkürzungen erklären sich wie folgt:

A.	Acte.
v.	von.
L.	Lustspiel.
P.	Posse.
Vo.	Volksstück.
Schw.	Schwank.
Leb.	Lebensbild.
K. Z. B.	Komisches Zeit-Bild.
Ldsp.	Liederspiel.
G. B.	Genre-Bild.
Z. P.	Zauber-Posse.
Ch. B.	Charakter-Bild.
Schau.	Schauspiel.
Dra.	Drama.
Vo. Schau.	Volks-Schauspiel.
Tr.	Tragödie.
T.	Trauerspiel.
S. Schau.	Sensations-Schauspiel.
Op.	Oper.
Opert.	Operette.
Bearb.	Bearbeitet.

Repertoir-Verzeichniss.

1867.

AMERICAN THEATRE.
SANSOME STREET.

Dienstag, 30. April.	Glückliche Flitterwochen. — Ein ungeschliffener Diamant. — Der Prozess um einen Kuss.	
Freitag, 3. Mai.	Die Zwillinge. L. 4 A. v. Trautmann.	
" 10. "	Der kleine Richelieu. L. 2 A. v. G. Heine. — Bei Wasser und Brod. P. 1 A. v. Jacobson.	
" 17. "	Theatralische Studien. P. 1 A. v. D. Kalisch. — Ein Viertelstündchen vor dem Balle. L. 1 A. v. Görner. — Die weiblichen Drillinge.	
" 24. "	Die Schwätzerin. L. 3 A. v. E. Julius. — Ein Abend vor der Hochzeit. Scherz 1 A.	
" 31. "	Sie schreibt an sich selbst. L. 1 A. v. Holtey. — Man soll von seinem Nächsten nur das Beste reden. Scherz 1 A. v. Görner. — Infanterie und Cavallerie. P. 1 A. v. E. Siegel. — Sie geht zum Theater. Scherz 1 A. v. Kalisch.	
" 7. Juni.	Benefiz für Frau Ottilie Genée. Diavoletta. L. 3 A. v. Rudolph Genée — Der Soubrette letzte Rolle.	
" 21. "	100,000 Thaler. P. 3 A. v. Kalisch. 1. Auftreten v. Julius Ascher.	
" 28. "	Müller und Miller. P. 3 A. v. Elz.	
" 5. Juli.	—	
" 12. "	Müller und Miller. P. 3 A. v. Elz. — Des Theaterdieners Töchterlein. P. 1 A. R. Hahn.	
" 19. "	Ein Theater Scandal. P. 1 A. v. Nesmüller. — Eine Entführung mit Hindernissen. P. 3 A. v. Junger.	
" 26. "	Steffen Langer aus Glogau. Schau. 5 A. v. Ch. Birchpfeiffer.	
" 2. August	Ein erster Tag in San Francisco. P. 1 A. v. Jemand. — Anna, Nanni, Nina, Nettchen. P. 3 A. v. Juin.	
" 9. "	Prinz Lieschen. P. 4 A. v. Heldrich.	
" 16. "	Die Zwillinge. Ch. B. 4 A. v. Trautmann. — Lisette hilf. Schw. 1 A. v. Hegewald.	
" 23. "	Glöckner v. Notre Dame. Dr. 6 A. v. Birchpfeiffer.	
" 30. "	Er ist Baron. P. 3 A v. R. Hahn. — Ein Ohrfeige um jeden Preis.	
" 6. Sept.	Einer von unsere Leut. Ch. B. 4 A. v. O. F. Berg.	
Dienstag, 10. "	" " " " "	
Freitag, 13. "	Lieschen Wildermuth. L. 4 A. v. Krüger. — Lebendig todte Eheleute. Schw. 1 A. v. Schikaneder.	
" 20. "	Viel Vergnügen. P. 5 A. v. Salingre.	
" 27. "	Maria Stuart. T. 4 A. v. F. v. Schiller. Zum ersten Male. 1. Auftreten von Frl. Francisca Roland und Herr H. Maret.	
" 4. Oct.	Die Karlsschüler. Schau. 5. A. v. H. Laube.	
" 11. "	Pechschulze. P. 3 A. v. Salingre. Benefiz für J. Ascher.	
Dienstag 15. "	Deborah. Schau. 4 A. v. Mosenthal.	
Freitag, 18. "	Berlin wird Weltstadt. P. 1 A. v. Kalisch. — Der Fabrikant. Schau. 4 A. v. Devrient.	
" 25. "	Das Urbild des Tartüffe. Ch. L. 5 A. v. G. Gutzkow.	
" 1. Nov.	Der Vicomte von Letoriere. L. 3 A. v. C. Blum.	
" 8. "	Kean. Schau. 5 A. v. L. Schneider. Benefiz für E. Niemeier.	
Dienstag, 12. "	Verschwörung des Fiesko in Genua. T. 5 A. v. F. v. Schiller.	
Freitag, 15. "	Budiker und sein Kind. P. 3 A. v. Salingre.	
" 22. "	Namenlos. P. 3 A v. Pohl und Kalisch.	
Dienstag, 28. "	Grille. Ch. B. 5 A. v. Ch. Birchpfeiffer. Zum 1. Mal.	
Freitag, 6. Dec	Das Volk wie es weint und lacht. P. 3 A. v. Kalisch.	
" 13. "	Heyman Levy. P. 1 A. v. Angely. — Maria von Medici. L. 4 A. v. Berger.	
Mittwoch 25. Dec.	Der Verschwender. Z. P. 3 A. v. F. Reimund.	
Freitag, 27. Dec.	Lumpaci Vagabundus. P. 4 A. v. Nestroy.	

— 15 —

Repertoir-Verzeichniss.

1868.

Mittw. 1. Jan.	Mutter und Sohn. Schau. 5 A. v. Ch. Birchpfeiffer.
Freitag, 3. Jan.	Der Verschwender. Z. P. 3 A. v. Reimund.
" 10. "	Krethi und Plethi. P. 3 A. v. Kalisch.
" 17. "	Die Hugenotten. Schau. 5 A v. Adami.
" 24. "	Graupenmüller. P. 3 A. v. Salingre.
" 31. "	Ein Mädchen vom Ballet. Sch. 5 A. v. Börnstein. Benefiz für Frau Ottilie Genée.
" 7. Feb.	Robert und Bertram. P. 4 A. v. Röder.
Dienstag, 11. "	" " " " "
Freitag, 14. "	3 Tage aus dem Leben eines Spielers. Schau. 4. A. v. Hell.

PLATTS HALLE.

Freitag, 28. "	Gänschen von Buchenau. L. 1 A. v. Gründorf. — Eine Tasse Thee. L. 1 A. v. Drost. — Eine Selbstmörderin. Schw. 1 A. v. Julius. — Der Schnupfen. Schw. 1 A. v. Linderer.
" 20. März	Muttersegen. Schau. v. Lemoine. Benefiz für Frl. F. Roland.
Mittw. 25. "	Die Schwätzerin. L. 3 A. v. Julius. Benefiz für die Nothleidenden in Deutschland.

METROPOLITAN THEATRE.

Sonntag, 5. April.	Eine leichte Person. P. 4 A. v. E. Pohl.
" 12. "	Der Mann mit der eisernen Maske. Schau. 5 A. v. L. Schneider.
" 19. "	Budiker und sein Kind. P. 3 A. v. Salingre.
" 26. "	Einer von unsere Leut. P. 4 A. v. Berg und Kalisch.
" 3. Mai	Bajazo. Vo. 5 A. v. Dennery. Erstes Debut von Frl. Adelaide Klebs.
" 10. "	Ein armer Teufel. P. 3 A. v. Nesmüller.
" 17. "	Krethi und Plethi. P. 3 A. v. Kalisch. Abschiedsbenefiz und letztes Auftreten von J. Ascher.

MAGUIRE'S OPERA HOUSE.
WASHINGTON STREET.

Mittw. 3. Juni	Narciss. Schau. 5 A. v. Brachvogel. 1. Auftreten von Leonhard Scherer.
Freitag, 5. "	Stadt und Land. Ch. B. 4 A. v. Kaiser.

METROPOLITAN THEATRE.

Freitag, 24. Juli	Stadt und Land. Ch. B. 4 A. v. Kaiser.
" 31. "	Katharina Howard. Dr. 5 A. v. Gottschall. 1. Auftreten von Frau Olga von Plittersdorf.
Donn. 6. Aug.	Donna Diana. L. 5 A. v. West.

PLATTS HALLE.
(Neue deutsche Bühne.)

Freitag, 28. Aug.	Frauenkampf. L. 3 A. v. Scribe.
" 4. Sept.	Frau in Weiss. Schau. 5 A. v. Ch. Birch.
" 11. "	Die Lieder des Musikanten. Vo. 5 A. v. Kneisel. — Ich esse bei meiner Mutter. L. 1 A. v. Winterfeld.
Samstag, 19. "	Pietra. Schau. 5 A. v. Mosenthal.
Mittw. 23. "	Bruder Liederlich. P. 4 A. v. E. Pohl.
Montag, 28. "	Pietra. Schau. 5 A. v. Mosenthal.
Dienstag, 6. Okt.	Anna von Oesterreich. Schau. 5 A. v. Ch Birch.
Freitag, 9. "	Unter der Erde. Ch. B. 4 A. v. Kaiser.
Dienstag, 13. "	Die Schule der Verliebten. L. 5 A. v. C. Blum.
Freitag, 16. "	Die Räuber. Sch. 5 A. v. F. v. Schiller.
Dienstag, 20. "	Lumpaci Vagabundus. P. 4 A. v. Nestroy.
Freitag, 23. "	Gute Nacht Hänschen. L. 5 A. v. A Müller.
" 30. "	Die Juden von Worms. Schau. 5 A. v. Gossmann.

FRIEDRICH HAASE   CARL SONTAG

Repertoir-Verzeichniss.

1868—69.

"	6. Nov.	Der verkaufte Schlaf. P. 4 A. v. Haffner.
"	13. "	Kabale und Liebe. T. 5 A. v. F. v. Schiller.
"	20. "	Herz und Dollar. P. 4 A. v. Cohnheim.
Dienstag, 24. Nov.		" " " " " "
Donn. 26. Nov.		Marie Anne. Schau. 5 A. v. J. Mendelsohn.
Dienstag, 1. Dec.		Zum ersten Male. Faust. T. 5 A. v. Goethe. Abschiedsbenefiz von Frau O. v. Plittersdorf.
Freitag, 4 Dec.		Doktor und Friseur. P. 4 A. v. Kaiser. — Der Liebestrank. Oper 1 A. v. Gumbert.
"	11. "	Wie man seine Töchter verheirathet. P. 3 A. v. Reiffarth. — Prozess um einen Kuss. L. 1 A. v. Herlitz. Benefiz für O. Reiffarth.
"	25. "	Dr. Faust Zauberkäppchen. P. 5 A. v Hopp.
"	1. Jan. '69.	Das Irrenhaus zu Digon. Schau. 4 A. v. F. Meisner.

Dramatischer Verein "Frohsinn".
JANKE'S TURNHALLE.

Sonntag, 3. Jan.	Wie toll. L. 1 A. v. W. E. M. — Der Liebestrank. Oper 1 A. v. Gumbert.
" 10. "	Doktor und Friseur. P. 3 A. v. Kaiser.
" 17. "	Dumm und gelehrt. L. 1 A. v. Plötz. — Lieutenant im Arrest. L. 1 A. v. Putlitz. — Bei Wasser und Brod. P. 1 A. v. Jacobson.

METROPOLITAN THEATRE.

Freitag, 22. Jan.	Maria Stuart. T. 4 A. v. F. v. Schiller. Gastspiel von Fr. v. Plittersdorf.

JANKE'S TURNHALLE.

Sonntag, 24. Jan.	Ein ungeschliffener Diamant. L. 1 A. v. Berger. — Grossmütterchen und Enkel. P. 1 A. v. Tietz.

METROPOLITAN THEATRE.

Freitag, 29. Jan.	Mutter und Sohn. Schau. 5 A. v. Ch. Birch. Gastspiel von Frau O. v. Plittersdorf.

JANKE'S TURHALLE.

Sonntag, 31. Jan.	Die Braut vom Lande. L. 1 A. v. Weissen. — Tannhäuser. Paro. P. 1 A. v. Kalisch. — Des Theaterdieners Töchterlein. P. 1 A. v. R. Hahn.

METROPOLITAN THEATRE

Freitag, 5. Feb.	Dr. Faust Zauberkäppchen. P. 5 A. v. Hopp.

JANKE'S TURNHALLE.

Sonntag, 7. Feb.	Mädchenpfiffe. L. 1 A. v. Starke. — Ein Kaffeeklatsch. Scherz 1 A. v. Schäfer. — Pompadur und Expressmann. P. 1 A. v. Hahn.

METROPOLITAN THEATRE.

Freitag, 12. Feb.	Die Zwillinge. Ch. B. 4 A. v. Trautmann.

JANKE'S TURNHALLE.

Sonntag, 21. Feb.	Eine Einfalt vom Lande. L. 2 A. v. Körner. — Wer isst mit? P. 1 A. v. Friedrich.
" 28. "	Einer von unsere Leut. P. 4 A. v. Berg und Kalisch.

METROPOLITAN THEATRE.

Donn. 4. März	Die Grille. Ch. B. 5 A. v. Ch. Birchpfeiffer. Benefiz für Ottilie Genée.

Repertoir-Verzeichniss.

1869—70.

JANKE'S TURNHALLE.

Sonntag, 14. März   Liesli. Ch. B. 3 A. v. C. Gutzkow.

METROPOLITAN THEATRE.

Freitag, 6. Aug.   Das Geheimniss der alten Mamsell. Nach Marlitt. Abschiedsbenefiz für Frau Ottilie Genée. Vor ihrer Abreise nach New York.

CALIFORNIA THEATRE.
BUSH STREET.

Sonntag, 20. Feb.	Prolog. Zur Feier der Sonntagsfreiheit. Gedichtet von Theodor Kirchhoff, gespr. von E. Niemeier. — Lumpensammler von Paris. Schau. 6 B. v. P. Schmidt.	
"	27. "	Narciss. T. 6 A. v. E. Brachvogel. 1. Auftreten von Otto v. Hoym.
"	6. März	Onkel Moses. Ch. B. 1 A. v. Hugo Müller. — Kanonenfutter. L. 3 A. v. J. Rosen.
"	13. "	Lorbeerbaum und Bettelstab. Schau. 4 A. v. Holtey.
"	20. "	Ein Wechsel. Ch. B. 1 A. v. Woltereck. — Der Verschwender.
"	27. "	Der Graf von Monte Christo. Schau. 3 A. v. Carlschmidt.
"	3 April	Barbara Ubryk. Ch. B. 4 A v. Schmitjen.
"	10. "	Hans Jürge. Vo. 2 A. v Holtey. — Rezept gegen Schwiegermütter. P. 1 A. v. Ludwig 1. v. Baiern. 1. Auftreten von Frl. Emma Feldmann.
"	17. "	Maximilian Kaiser von Mexiko. H. Schau. 6 A. v. Krack.
"	24. "	Nächsten Hausfrau. L. 3 A. v. J. Rosen. — 1733 Thaler, 22½ Silbergroschen. P. 1 A. v. Jacobson.
"	1. Mai	Hamlet. Schau. 5 A. v. Schakespeare. Benefiz für Herrn O v. Hoym.
"	8. "	Die Maschinenbauer. P. 3 A. v. Weihrauch.
"	15. "	Feenhände. L. 5 A. v. Gassmann. Abschiedsbenefiz von O. v. Hoym.
"	22. "	Pfeffer Rösel. Vo. 5 A. v. Ch. Birchpfeiffer.
"	29. "	Weltumsegler wider Willen. P. 4 A. v. Röder. 1. Auftreten von Josephine Wolff und Max Lube.
"	5. Juni	Heydemann und Sohn. Leb. B. 5 A v Hugo Müller.
"	12. "	Der artesische Brunnen. P. 4 A. v. Röder.
"	19. "	Einer von unsere Leut. P. 5 A. v. Berg und Kalisch.
"	26. "	Das Geld liegt auf der Strasse. P. 3 A. v Salingre.
"	3. Juli	Lumpaci Vagabundus. P. 4 A. v. Nestroy.
"	10. "	Der Sonnenwirth. Ch. B. 5 A. v. Ch. Birch.
"	17. "	Schleicher und Genossen. L. 5 A. v. R. Genée. — Freischärler auf Cuba. P. 1 A. v. M. Lube.
"	24. "	Volk wie es weint und lacht. Ch. B. 3 A. v. Kalisch.
"	31. "	Goldbauer. Ch. B. 3 A. v. Ch. Birch. Abschiedsbenefiz für Frl. Fellmann.
"	7. Aug.	500,000 Teufel. P. 4 A. v. Jacobson. — Letzte Vorstellung der Sommer-Saison.

METROPOLITAN THEATRE.

Freitag, 12. Aug.   Der alte Fritz und seine Zeit. L. 5 A, v. Boar. — Extra Vorstellung zum Besten der Verwundeten.

CALIFORNIA THEATRE.

Sonntag, 4. Sept.	Der Goldonkel. P. 1 A. v. E. Pohl. — Eröffnungs-Vorstellung der Winter-Saison.	
"	11. "	Wilhelm Tell. Schau. 6 A. v. F. v. Schiller. Benefiz für C. Frank.
"	18. "	Wallensteins Lager. Dramatisches Gedicht 1 A. v. Schiller. — Berliner Franzose. P. 2 A. v. Kalisch.
"	25. "	Krethi und Plethi. P. 3 A. v. Kalisch.
"	2. Oct.	Alpenkönig und Menschenfreund. P. 3 A. v. R imund.

— 18 —

REPERTOIR-VERZEICHNISS.

1870—71.

"	9. Oct.	Teufel im Herzen. P. 3 A. v. Elmar.
"	16. "	In Saus und Braus. P. 4 A. v. Jacobson. — Benefiz für Josephine Wolff und Max Lube.
"	23. "	Herz und Dollar. P. 4 A. v. Cohnheim.
"	30. "	Lucinde, das Sternenmädchen. Vo. 3 A. v. Heber.
"	6. Nov.	Die Karlsschüler. Schau. 5 A. v. H. Laube. Abschiedsbenefiz für H. Maret.
"	13. "	Deutsche Treue. Dr. 1 A. v. Th. Körner. — Mein Mann geht aus. L. 2 A. v. Börnstein. — Kurmärker und Picarde. G. B. 1 A. v. L. Schneider.
"	20. "	Inspektor Bräsig. L. 5 A. nach Reuter von Gassmann.
"	27. "	Ein alter Korporal. Ch. B. 5 A. v. Reinhard.
"	4. Dec.	Aurora in Oel. P. 1 A. v. Kalisch. — Durchs Schlüsselloch. P. 1 A. v. Salingre. — Verplefft. P. 1 A. v. Kalisch.
"	11. "	Die Wacht am Rhein. Vo. 5 A. v. Friedrich.
"	18. "	Budiker und sein Kind. P. 3 A. v. Jacobson.
"	25. "	Czar und Zimmermann. K. Oper 3 A. v. Lortzing.
"	1. Jan. '71	Einer von unsere Leut. Ch. B. 4 A. v. Berg und Kalisch.
"	8. "	Anno 1866. Vo. 4 A. v. Hugo Müller
"	15. "	Undine. Vo. M. 4 A. v. Dr. Wollheim.
"	22. "	Die Zwillinge. Ch. 4 A. v. Trautmann.
"	29. "	Aladin. P. 5 A. v. G. Röder.
"	5. Feb.	Die Schwätzerin. L. 3 A. v. E. Julius. — Heymann Levy. P. 1 A. v. Drost.
"	12. "	Mottenburger. P. 3 A. v. Weihrauch und Kalisch.
"	19. "	Eine leichte Person. P. 4 A. v. E. Pohl.
"	26. "	Ilinko. Schau. 5 A. Ch. Birchpfeiffer. 1. Auftreten v. Max Sontheim-Schönfeld.
"	5. März	Kieselack. P. 4 A. v Weihrauch.
"	12. "	Ein Abenteuer im Friseur Salon. P. 1 A. v. Xaber. — Bädeker. P. 1 A v. Belly. Laura Pepita. P. 1 A. v. Hahn. Benefiz für Josephine Wolff und Max Lube.
"	19. "	Einig bis in den Urwald. K. Z. B. 1 A. v. Haber und Belly. — Eine Entführung mit Hindernissen. L. 3 A. v. Junger.
"	26. "	Ein deutscher Bruder. P. 3 A. v. L'Arronge. Benefiz für die Verwundeten.
"	2. April	Wie toll. P. 1 A. v. W. E. M. — Einquartierung. L. 1 A. v. Putlitz. — Ein Königreich für zwei Kinder. P. 1 A. v. Drost. — Complimentar Benefiz für Frau Ottilie Genée. — Schluss der Winter-Saison.

CALIFORNIA THEATRE.

Sonntag,	23. Juli	Deborah. Schau. 4 A. v. Mosenthal. 1. Auftreten von Mathilde Veneta und Herr C. Helmer.
"	30. "	Medea. T. 4 A. v. Grillparzer.
"	6. Aug.	Der Fechter von Ravenna. Dr. 5 A. v. F. Halm.
"	13. "	Essex. Schau. 5 A. v. H. Laube.
"	20. "	Mathilde. Schau. 4 A. v. R. Benedix. — Napoleon und Eugenie. P. 1 A. v. Lube.
"	27. "	Marie Anne. Vo. Schau. 3 A. v. J. Mendelsohn.
"	3. Sept.	Romeo und Julie. Schau. 5 A. v. Shakespeare.
"	10. "	Einer von unsere Leut. Ch. B. 4 A. v. Berg.
"	17. "	Gewonnene Herzen. Vo 3 A. v. H. Müller.
"	24. "	Die Grille. Schau. 5 A. v. Ch. Birch.
"	1. Oct.	Die Schul · des Lebens. Schau. 5 A. v. Raubach.
"	8. "	Frauenkampf. L. 3 A. v. Scribe. — Ein Theater Scandal. P. 1 A. v. Nessmüller.
"	15. "	Iphigenie. Schau. 4 A. v. Göthe. — Beckers Geschichten. P. 1 A. v. Jacobson.
"	22. "	Isabella Orsini. Schau. 4 A. v. Mosenthal.
"	29. "	100,000 Thaler. P. 3 A. v. Kalisch.
"	5. Nov.	Pietra. Dr. 5 A. v. Mosenthal. Abschiedsbenefiz für Mathilde Veneta.

REPERTOIR-VERZEICHNISS.

1871—72.

Sonntag, 12. Nov.		Das Loch in der Wand. P. 1 A. v. Christen. — Kanonenfutter. L 3 A. v. J. Rosen.
"	19. "	Von Stufe zu Stufe. P. 4 A. v. H. Müller.
"	20. "	Die Waise von Lowood. Schau. 5 A. v. Ch. Birch. Benefiz für C. Helmer.
"	3. Dec.	Kaufmann und Seefahrer. P. 3 A. v. Rethwisch. 1. Auftreten von Ernst Rethwisch.
"	10. "	Der Zigeuner. Ch. B. 1 A. v. Berla. — Sören Sörenson. Ch. B. 1 A. v. Rethwisch. — Kapellmeister von Venedig. Opte. 1 A. v. Schneider.
"	17. "	Die Lieder des Musikanten. Vo. 5 A. v. Kneisel.
"	24. "	Keine Vorstellung.
"	31. "	Lumpaci Vagabundus. P. 4 A. v. Nestroy.
"	7. Jan. '72	Ein Offiziersbursche. L. 1 A. v. Rethwisch. — Zillerthaler. Ldsp. 1 A v. Nessmüller. — Ein Berliner in Wien. P. 1 A. v. Kalisch.
"	14. "	500,000 Teufel. P. 3 A. v. Jacobson.
"	21. "	Die Kunst zu gefallen. L. 3 A. v. C. Blum. — Kapellmeister von Venedig. Opte. 1 A. v. Schneider.
"	28. "	Unter der Erde. Ch, B. 4 A. v. Ellmar.
"	4. Feb.	Robert und Bertram. P. 4 A. v. Röder.
"	11. "	Leiden eines Benefizianten. P. 5 A. v. Th. Hell. — Aus Liebe zur Kunst. P. 1 A. v. Moser. Benefiz für E. Rethwisch.
"	18. "	Der Präsident. Ch. B. 1 A. v. W. Kläger. — Grob, fromm und fein. P. 1 A. v. Hegewald. — Ein Stündchen auf der Schule. P. 1 A. v. Friedrich.
"	25. "	Die Maschinenbauer. P. 4 A. v. Weihrauch. Benefiz für Josephine Wolff und Max Lube.
"	3. März	Religirten Studenten. L. 4 A. v. Benedix.
"	10. "	Geld liegt auf der Strasse. P. 3 A. v. Salingre.
"	17. "	Barfüssle. Vo. 5 A. v. Auerbach.
"	24. "	Verschwender. Ch. P. 3 A. v. Reimund.
"	31. "	Rezept gegen Schwiegermütter. L. 1 A. v. Ludwig I. König v. Baiern. — Der Zigeuner. Ch. B. 1 A. v. Berla. — Concert von Frl. Bologh Sornberger. — Durchs Schlüsselloch. P. 1 A. v. Salingre.
"	7. April	Uhlanen Braut. K. Ch. B. 2 A. v. Waldmann. — Lott ist todt. P. 1 A. v. Salingre.
"	14. "	Der Jongleur. P. 4 A. v. Pohl.
"	21. "	Aschenbrödel. L. 4 A. v. Benedix. Benefiz für Frau Ottilie Genée.
"	28. "	Einen Jux will er sich machen. P. 5 A. v. Nestroy. Benefiz von E. Rethwisch und letzte Vorstellung der Saison.

CALIFORNIA THEATRE.

Sonntag, 6. Oct.		Der Barbier von Sevilla. Op. 3 A. v. Rossini.
"	13. "	Martha. Op. 4 A. v. Flotow.
"	20. "	Faust. Op. 5 A. v. Gounod.
"	27. "	Norma. Op. 4 A. v. Bellini.
"	3. Nov.	Ernani. Op. 3 A. v. Verdi.
"	10. "	Afrikanerin. Op. 5 A. v. Meierbeer.
"	17. "	Lucia di Lammermoor. Op. 3 A. v. Donizetti.
"	24. "	Anna Liese. L. 4 A. v. Herth.
"	1. Dec.	Jeremias Grille. P. 1 A. v. Pohl. — Vermischtes. P 1 A. v. Wilken. — Heymann Levy. P. 1 A. v. Angely. 1. Auftreten von J. Ascher als Gast.
"	8. "	Kläffer. P. 4 A. v. Wilken und L'Arronge.
"	15. "	Das Stiftungsfest. L. 1 A. v. Moser. — Guter Mond du gehst so stille. P 1 A. v. Kalisch.
"	22. "	Einer von unsere Leut. Vo. 4 A. v. Kalisch.
"	25. "	Pfarrer von Kirchfeld. Vo. 4 A. v. Anzengruber. 1. Auftreten von Frl. E. Brechting.

Louis Thors, Photo.   1025 Larkin Street.

Heinrich Kadelburg

Repertoir-Verzeichniss.

1873—74—75.

"	5. Jan. '73	Der geadelte Kaufmann. Ch. B. 5 A. v. E. Görner.
"	12. "	Man sucht einen Erzi.her. L. 2 A. v. Bahn. — Papa hat's erlaubt. P. 1 A. v. Moser.
"	19. "	Hoch hinaus. P. 3 A. v. Salingre.
"	26. "	Das Käthen von Heilbron. Schau. 5 A. v. Gleist. Bearbeitet von Holbein.
"	2. Feb.	Was Gott zusammen fügt, das soll der Mensch nicht trennen, L. 4 A. v. Koberstein.
"	9. "	Ein Engel. L. 3 A. v. Rosen. — Ein alter Commis. P. 1. A. v. Salingre.
"	16. "	Des Lebens Mai. P. 3 A. v. Jacobson. Abschiedsbenefiz für J. Ascher
"	23. "	Der Fluch des Galilei. Vo. 5 A. v. A. Müller. Benefiz für A. Folger.
"	2. März	Die Jüdin. Op. 5 A. v. Halroy.
"	9. "	Die Stumme. 1, Auftreten von C. Speigler
"	16. "	Der Freischütz. Op. 4 A. v. Weber.
"	23. "	" " " " "
"	30. "	Die lustigen Weiber. Op. 3 A. v. Nicolai.
"	6. April	" " " " "
"	13. "	Robert der Teufel. 2. Akt. — Norma. 3. Akt. — Lustigen Weiber. 2 Akt.
"	20. "	Die Zaubergeige. Opert. 1 A, v. Offenbach. — Kaufmann und Seefahrer. Ch. B. 2 A. v. Rethwisch
"	27. "	Der Verschwender. Ch. P. 3 A. v. Reimund. Benefiz für Frl. E. Brechting.

Saison 1873—1874. Kein Theater.

CALIFORNIA THEATRE.

Sonntag, 30. Aug.		Die Tochter der Hölle. L. 4 A. v. Kneisel. — Hanni weint und Hansi lacht. Oper 1 A. v Offenbach.
"	6. Sept.	Singvögelchen. Opert. 1 A. v. Jacobson. — Der Wilddieb. Schau. 4 A. v. Gerstäcker.
"	13. "	Der liebe Onkel. Schw. 4 A. v. Kneisel. — Kaudels Gardinen Predigten. L. 1 A. v. Moser.
"	20. "	Meineidbauer. Vo. 5 A. v. Anzengruber.
"	27. "	Erziehung macht den Menschen. L. 5 A. v. Görner.
"	4. Oct.	Postillion von Müncheberg. P. 5 A. v. Jacobson.
"	11. "	Valentina. Schau. 3 A. v. G. Freitag.
"	18. "	Rosa und Röschen. L. 4 A. v. Ch. Birchpfeiffer.
"	25. "	Dr. Wespe. L. 5 A. v. R. Benedix.
"	1. Nov.	Die Spitzenkönigin. P. 5 A. v. H. Müller.
"	8. "	Kabale und Liebe. Schau. 5 A. v. F. v. Schiller.
"	15. "	Eine kranke Familie. Schw. 3 A. v. Moser.
"	22. "	Die schöne Galathea. Opert. 1 A. v. Suppé.
"	29. "	Weiber Rechtlerinnen. L. 4 A. v. Görlitz. — S' letzte Fensterl. Ldsp. 1 A. v. Seidel. Benefiz für M. Hirsch Podolska.
"	6. Dec.	Verlobung bei der Laterne. Opert. 1 A. v. Offenbach. — Ein Wort an den Minister. Ch. B. 1 A. v. A. Langer. — Ein moderner Barbar. L. 1 A. v. Moser.
"	13. "	Die Waise von Lowood. Schau. 4 A. v. Ch. Birchpfeiffer. Ben fiz für E. v. d. Osten.
"	20. "	Die Journalisten. L. 5. A. v. Freitag.
"	27. "	Die Räuber. Schau. 6 A. v. F. v. Schiller.
"	3. Jan. '75	Der Liebestrank. Opert. 1 A. v. Gumpert. — Die Liebe im Eckhause L. 2 A. v. Cosmar.
"	10. "	Karlchen's erste Liebe. P. 1 A. v. F. Pohl. — Das Stiftungsfest. Schw. 3 A. v. Moser. 1. Auftreten von H. Schober.

Repertoir-Verzeichniss.

1875—76.

Sonntag, 17. Jan.	Der Dorfbarbier. Opert. 2 A. v. Schenk. — Rezept gegen Schwiegermütter. L. 1 A. v. Ludwig I.
" 24. "	Deborah. Vo. Schau. 4 A. v. Mosenthal. Benefiz für E. v. Stammwitz.
" 31. "	Berliner Kinder. P. 4 A. v. Salingre.
" 7. Feb.	Maria und Magdelena. Schau. 4 A. v. Lindru.
" 14. "	Die Anti Xantippe. L. 5 A. v. Kneisel.
" 21. "	Auf eigenen Füssen. P. 3 A. v. Pohl.
" 28. "	Ein Held der Feder. Schau. 4 A. v. Werner.
" 7. März	Die schöne Galathea. Opert. 1 A. v. Suppé. — Der Elephant. L. 4 A. v. Moser.
" 14. "	Prinz Friedrich. Schau. 5 A. v. Laube.
" 21. "	Unruhige Zeiten. P. 3 A. v. Pohl. Benefiz für Varena.
" 28. "	Ultimo. L. 5 A. v. Moser.
" 4. April	Ein Lustspiel. L. 4 A. v. Benedix. Benefiz für L. Scherer.
" 11. "	Königs Befehl L. 4 A. v. Töpfer.
" 18. "	Gebrüder Bock. P. 4 A. v. L'Arronge. Benefiz für H. Schober.
" 25. "	Egmont. Tr. 5 A. v. W. v. Göthe.
" 2. Mai	Das Volk wie es weint und lacht. Vo. 5 A. v. Kalisch.
" 9. "	Die Grille. Ch. B. 5 A. v. Ch. Birchpfeiffer.

CALIFORNIA THEATRE.

Sonntag, 1. Aug	Eine leichte Person. P. 4 A. v. Pohl.
" 8. "	Ein glücklicher Familienvater. L. 3 A. v. Görner. — Guten Morgen Herr Fischer. P. 1 A. v. Friedrich.
" 15. "	Das Milchmädchen von Schöneberg. P. 3 A. v. Manstädt.
" 22. "	Herrmanns Schlacht. Schau. 5 A. v. H. v. Kleist.
" 29. "	Von Stufe zu Stufe. P. 4 A. v. H. Müller.
" 5. Sept.	Don Carlos. T. 5 A. v. F. v. Schiller.
" 12. "	Rosenmüller und Finke. L. 5 . v. Töpfer.
" 19. "	Mein Leopold. Ch P. 3 A. v. L'Arronge.
" 26. "	Christ und Jude. Ch. 4 A. v. Reich.
" 3. Oct.	Zopf und Schwert. L. 5 A. v. C. Gutzkow.
" 10. "	Das Mädel ohne Geld. P. 4 A. v. Jacobson.
" 17. "	Registrator auf Reisen. P. 4 A. v. L'Arronge.
" 24. "	Familie Hörner. L. 3 A. v. Anton Aum. — Hans und Hanne.
" 31. "	Jean Favard. Ch. B. 5 A. v. E. Brachvogel.
" 7. Nov.	Krethi und Plethi. P. 3 A. v. kalisch.
" 14. "	Ein Schritt vom Wege. L. 4 A. v. Wichert.
" 21. "	Mein Leopold. Ch. P. 3 A. v. L'Arronge.
" 28. "	Der grosse Krach. L. 4 A. v. Schönthau.
" 5. Dec.	Er muss aufs Land. L. 3 A. v. Friedrich. — Die Dienstboten. G. B. 1 A. v. Benedix.
" 12. "	Der Pfarrer von Kirchfeld. Vo. 4 A. v. Anzengruber.
" 19. "	Lumpaci Vagabundus. P. 4 A v Nestroy.
" 26. "	Drei Paar Schuhe. P. 3 A. v. Görlitz.
" 2. Jan. '76	Ehrliche Arbeit. P. 3 A. v. Wilken.
" 9. "	Marquise von Villette. L. 5 A. v. Ch. Birchpfeiffer. Benefiz für B. Hirsch.
" 16. "	Dampfkönig. P. 5 A. v. H. Wilken.
" 23. "	Die drei Musketiere. Schau. 5 A. nach Dumas.
" 30. "	Bauer als Millionär. Z. P. 4 A. v. Reimund.
" 6. Feb.	Lucinde vom Theater. P. 6 B. v. Pohl. Benefiz für Alwine Heynold.
" 13. "	Fernande. S. Schau. 4 A. v. Mauthner. Benefiz für E. v. Stammwitz.
" 20. "	Giroflé-Giroflá. Opert. 3 A. v. Lecock.
" 27. "	" " " " "
" 6. März	Robert und Bertram. P. 4 A. v. Röder. Benefiz für C. Schmidt.
" 12. "	Der Postillion von Münchberg. P. 5 A. v. Jacobson. Benefiz für A. Varena.
" 19 "	Schwaben Streiche. Vo. 5 A. v. Gossmann.
" 26. "	Die Zwillinge Ch. B. 4 A. v. Trautmann. Benefiz für A. Lauber.

— 22 —

REPERTOIR-VERZEICHNISS.

1876—77.

Sonntag, 2. April — Der Talisinann. P. 3 A. v. Nestroy.
" 9. " — Der Veilchenfresser. L. 4 A. v. Moser. Benefiz für Frau Hirsch-Podolska.
" 16. " — Eine Posse als Medizin. P. 3 A. v. Kaiser.
" 23. " — Bis der Rechte kommt. Opert. 1 A. v. Gumpert. — Kanonenfutter. L. 3 A. v. Rosen. Abschiedsbenefiz für E. v. d. Osten
" 30. " — Die Schwätzerin. L. 1 A. v. Julius. — Verlobung bei der Laterne. Opert. 1 A. v. Offenbach. Schluss der Saison.

CALIFORNIA THEATRE.

Sonntag, 30. Juli — Der letzte Brief. L. 3 A. v. H. Laube. 1. Auftreten von Franz Kirschner. Frl. Mundt.Mühlbach, Frl. Anna Schulz.
" 6. Aug. — Am Klavier. L. 5 A. v. Grandjean. — Dr. Peschke. P. 1 A. v. Kalisch. — Flotte Bursche. Opert. 1 A. v. Suppé. 1. Auftreten von Louise Beckmann und Hugo Schulz.
" 13. " — Die schöne Galathea. Opert. 1 A. v. Suppé. — 1. Auftreten von Th. Habelmann. — Das Tagebuch. L. 2 A. v. Bauernfeld.
" 20. " — Namenlos. P. 3 A. v. Kalisch.

MAGUIRE'S OPERA HOUSE.

Donn. 24. " — Mein Mann geht aus. L. 2A. v. Börnstein. — Ein gebildeter Hausknecht. P. 1 A. v. Kalisch.

CALIFORNIA THEATRE.

Sonntag, 27. " — Citronen. L. 4 A. v. J. Rosen.
" 3. Sept. — Orpheus. Opert. 4 A. v. Cremieux.
" 10. " — Frou-Frou. S. Schau. 5 A. v. Mauthner.
" 17. " — Zehn Mädchen und kein Mann. Opert. 1 A. v. Suppé. — Der Winkelschreiber. L. 3 A. v. Winterfeld.
" 24. " — Die schöne Helena. Opert. 3 A. v. E. Dohm.
" 1. Oct. — Gute Nacht Hänschen. L. 5 A. v. A. Miller.
" 8. " — Die Mottenburger. P. 5 A. v. Kalisch.
" 15. " — Drei Hüte. Schw. 3 A. v. Neumann. — Ein Mädchen Pensionat. Opert. 1 A. v. Jacobson
" 22. " — Häusliche Wirren. L. 3 A. v. Dr Lederer.
" 29. " — Der Grossherzogin von Gerolstein. Opert. 4 A. v. Offenbach.
" 5. Nov. — Das böse Fräulein. Ch B. 5 A. v. Kneisel.
" 12. " — Aktien-Budiker. P. 5 A. v. Kalisch.
" 19. " — Ein Kampf ums Dasein. L. 3 A. v. Wilbrandt.
" 26. " — Berliner Kinder. P 4 A. v. Salingre.
" 3. Dec. — Nur eine Seele. Ch. B. 5 A. v. W. Wolfsohn.
" 10. " — Die schöne Sünderin. P. 4 A. v. Görlitz und Jacobson.
" 17. " — Ein Kind des Glücks. L. 5 A. v. Ch. Birchpfeiffer.
" 24. " — Weihnachten. Gelegenheitsstück 1 A. v. Hesse. — Der Strike der Schmiede. Solo Scene v. Mauthner. — Pech im Glück. P. 1 A. v. Felix.
" 31. " — Die Schwestern von Prag. Opert. 3 A. v. W. Müller. 1. Auftreten von Frau und Herr Lafontaine.
" 7. Jan. '77 Schwere Zeiten. L. 5 A. v. Julius Rosen.
" 14. " — Der geschundene Raubritter. P. 3 A. v. Kopal. — Benefiz für Alexander Varena.
" 21. " — Der verkaufte Schlaf. P. 3 A. v. Haffner.
" 28. " — Preciosa. Vo. Schau. 4 A. v. Wolff. Benefiz für Frl. Mundt-Mühlbach.
" 4. Feb. — Weltumsegler wider Willen. P. 4 A. v. Röder. Benefiz für Hugo Schulz.
" 11. " — Ein Falissement. Schau. 5 Ak. v. Björnson.
" 18 " — Epidemisch. L. 5 A. v. Schweitzer.
" 25. " — Auf hoher See. P. 4 A. v. Wilken. Benefiz für Benno Hirsch.

REPERTOIR-VERZEICHNISS.

1877—78.

Sonntag,	4. März	Czar und Zimmermann. Op. 3 A. v. Lortzing. Benefiz für Frl. L. Beckmann.
"	11. "	Mein Leopold. Vo. 3 A. v. L'Arronge.
"	18. "	Ultimo. L. 4 A. v. Moser. Benefiz für August Lauber.
"	25. "	Zauberflöte. Erster Akt. Unter Mitwirkung von Ilma de Murska. — Wartesalon erster Classe. L. 1 A. v. H. Müller. — Für's Theater lass' ich mein Leben. P. 1 A. v. Salingre. Benefiz für Herrn Hab lmann.
"	1. April	Der grosse Wohlthäter. Vo. 4 A. v. Wilken. Abschiedsbenefiz für Frl. Alwine Heynold.

CALIFORNIA THEATRE.

Sonntag,	22. Juli	Luftschlösser. P. 5 A. v. Weller und Manstedt. 1. Auftreten von Frl. Mathilde Cottrelly als Gast und Herrn F. Urban.
"	29. "	Beckers Geschichten. Opert. 1 A. v. Jacobson. — Morgenstündchen einer Soubrette. Scherz 1 A. v. Pohl. — Heinrich Heine. L. 3 A. v. Mels. 1. Auftreten von Max Freemann.
"	5. Aug.	O diese Männer. L. 4 A. v. J. Rosen.
"	12. "	Therese Krones. Vo. 3 A. v. Reimund.
"	19. "	Comtesse Helene. P. 4 A. v. Schweitzer.
"	26. "	Auf eigenen Füssen. P. 6 A. v. Wilken.
"	2. Sept.	Verfehlter Beruf. P. 5 A. v. Pohl. Abschiedsbenefiz für M. Cottrelly.
"	9. "	Maria und Magdelena. Schau. 4 A. v. Lindau. 1. Auftreten von Helene v. Rakowitza, als Gast.
"	16. "	Narciss. Schau. 4 A. v. Brachvogel.
"	23. "	Diplomat der alten Schule. L. 3 A. v. H. Müller. — Wiener in Berlin. P. 1 A. v. Holtey.
"	30. "	Frau die in Paris war. L. 3 A. v. Moser. — Zigeuner. Ch. B. 1 A. v Berla.
"	7. Oct.	Adelaide. Ch. B. 1 A. v. H. Müller. — Ein delikater Auftrag. L. 1 A. v. Ascher. — Das Fest der Handwerker. P. 1 A. v. Angely.
"	14. "	Biegen oder brechen. Schau. 4 A. v. Wichert.
"	21. "	Der Vicomte von Letorieres. L. 3 A. v. Blum. 1. Auftreten von Louisabeth Röckel.
"	28. "	Die Tochter der Hölle. L. 3 A. v. Kneisel. — Die Hochzeitsreise. L. 2 A. v. Benedix.
"	4. Nov.	Die Danicheffs. Ch. B. 4 A. v. Laube. Abschiedsbenefiz für Helene v. Rakowitza.
"	11. "	Der Verschwender. Vo. 3 A. v. Reimund.
"	18. "	Ein Teufel. L. 3 A. v. J. Rosen. — Aurora in Oel. P. 1 A. v. Kalisch.
"	25. "	Das Milchmädchen von Schöneberg. P. 4 A. v. Manstädt. Einmaliges Auftreten von Alwine Heynold.
"	2. Dec.	Bajazzo. Ch. B. 5 A. v. Bahn. Benefiz für M. Freemann.
"	9. "	Mönch und Soldat. Vo. 3 A. v. Kaiser.
"	16. "	Stadt und Land. Ch. B. 3 A. v. Kaiser. Benefiz für F. Urban.
"	23. "	Lumpaci Vagabundus. P. 4 A. v. Nestroy.
"	30. "	Black Crook. Feerie 5 A. Kiralfy Ballet.
"	6. Jan. '78	Gretchens Polterabend. Schw. 4 A. v. Kneisel.
"	13. "	Anna von Oesterreich. Schau. 4 A. v. Ch. Birchpfeiffer. Benefiz für Frau E. Meier.
"	20. "	Das Volk wie es weint und lacht. P 5 A. v. Kalisch. Benefiz für B. Hirsch.
"	27. "	Der Salzdirector. L. 3 A. v. Putlitz. — Hector. Schw. 1 A. v. Moser.
"	3. Feb.	Zwei Durchgänger. P. 7 B. v. Salingre. Benefiz für Max Schutz
"	10. "	Uriel Acosta. Schau. 5 A. v. Gutzkow. Benefiz für G. Brockmann.
"	17. "	Ultimo. L. 5 A. v. Moser.
"	24. "	Der Jongleur. P. 4 A. v. Pohl. Benefiz für Louise Beckmann.
"	3. März	Die Maschinenbauer. P. 4 A. v. Weihrauch.
"	10. "	Faust. Tra. 5 A. v. Göthe. Benefiz für Frl. L. Röckel.
"	17. "	Der Löwe des Tages. P. 4 A. v. Wilken. 1. Auftreten von Lina Tettenhorn.
"	24. "	Der Goldonkel. P. 4 A. v. Pohl. Benefiz für A. Lauber.

24

REPERTOIR-VERZEICHNISS.

1878—79.

Sonntag, 7. April		Die Verlobung bei der Laterne. Opert. 1 A. v Offenbach. — In Hemdsärmeln. Schw. 1 A. v. Günther. — Versprechen hinterm Herd. Ldsp. 1 A. v. Baumann
"	14.	" Weisse Haare, Junges Herz. G. B. 1 A. v. Friedrich. — Ein modernes Verhängniss. L. 1 A. v. Wehl. — Die vier Jahreszeiten. Ch. B. 1 A. v. Julius. — Ein Stündchen in der Schule. P. 1 A. v Friedrich. Benefiz für den Frauen Verein.
"	21.	" Pechschulze. P 7 B. v. Salingre. Abschiedsbenefiz für L. Tettenhorn.
"	28.	" Beckers Geschichten. Opert. 1 A. v. Conradi. Zahnschmerzen. Schw. 1 A. v Pohl — Dritter Akt aus: Pariser Leben. v. Offenbach. Benefiz für die Washington Loge, No. 7. K. L. B.

CALIFORNIA THEATRE.

Sonntag, 4. Aug.		Anna Liese. L. 4 A. v. Hersch. 1. Auftreten von Eugenie Lindemann, Frau Fanny Witt und Heinrich Kadelburg.
"	11.	" Veilchenfresser. L. 5 A. v. Moser. 1. Auftreten von Louis Koch. 2. Auftreten von H. Kadelburg, als Victor.
"	18.	" Ehrliche Arbeit. P. 3 A. v. Wilken. 1. Auftreten von Frl. Mathilde Cottrelly und Herrn Julius Witt.
"	25.	" Klein Geld. P. 4 A. v. Emil Pohl.
"	1. Sept.	Verschwörung der Frauen. L. 5 A. v. A. Müller.
"	8. "	Leiermann und sein Pflegekind. Vo. 4 A. v. Ch. Birch.
"	15. "	Christ und Jude. Vo. 4 A. v. Reich und Berg. Benifiz für die Hilfebedürftigen im Süden.
"	22. "	Der grosse Wurf. L. 4. A. v. Julius Rosen.
"	29. "	Gebrüder Bock. P. 3 A. L'Arronge.
"	6. Oct.	Inspector Bräsig. Leb. B. 5 A. v. Fritz Reuter.
"	13 "	Eine leichte Person. P. 4 A. v. Pohl.
"	20. "	Heinrich Heine. Ch. B. 3 A. v. Mels. — S' letzte Fensterl.
"	27. "	Fatinitza. Opert. 3 A. v. R. Genée und Suppé.
"	3. Nov.	Hasemanns Töchter. Vo. 5 A. v. L'Arronge.
"	10. "	Wenn man im Dunklen küsst. P. 3 A. v. Ellmer. — Ehemann vor der Thüre. Opert. 1 A. v. Treumann.
"	17. "	Reise durch San Francisco in 80 Stunden. P. 5 A. bearb. v. Cohnheim. Benefiz für M. Freemann.
"	24. "	Adelaide. Ch. B. 1 A. v. H. Müller. — Madame Flott. Schw. 1 A. v. Görlitz — Hector. P. 1 A. v. Moser.
"	1. Dec.	Ein Blitzmädel. P. 4 A. v. Coster. Benefiz für Frl. M. Cottrelly.
"	8. "	Mutter und Sohn. Schau. 5 A. v Ch. Birchpfeiffer.
"	15. "	Kiesclack. P. 4 A. v. Weihrauch. Benefiz für Julius Witt.
"	22. "	Heidemann und Sohn. Ch. B. 4 A. v. H. Müller.
"	29. "	Cora. Ch. B. 7 B. v. Wichmann.
"	5. Jan. '79	Ihr Korporal. P. 5 A. v. Castor. Benefiz für H. Kadelburg.
"	12. "	Robert und Bertram. P. 4 A. v. Räder.
"	19. "	Therese Krones. Ch. B. 3 A. v. Reimund. Benefiz für F. Urban.
"	26. "	Die Danicheffs. Schau. 4 A. v. H. Laube.
"	2. Feb.	Aschenbrödel. L. 4 A. v. Benedix. Benefiz für E. Lindemann.
"	9. "	Confusionsrath. P. 3 A. v. Rosen und Jacobson.
"	16. "	Die Spitzenkönigin. P. 4 A. v. H. Müller. Benefiz für B. Hirsch.
"	23. "	Stadt und Land Ch. B. 3 A. v. Kaiser.
"	2. März	Die Juden von Worms. Schau. 5 A. v. Gossmann. Benefiz für Fanny Witt.
"	9. "	Mein Leopold. P. 3 A. v. L'Arronge. Benefiz für L. Koch.
"	16. "	Luftschlösser. P. 5 A. v. Manstädt. Benefiz für M. Cottrelly.
"	23. "	Die zärtlichen Verwandten. L. 3 A. v. Benedix.
"	30. "	100,000 Thaler. P. 3 A. v. Kalisch. Benefiz für Julius Witt.
"	6. April	Die Grille. Ch. B. 5 A. v. Ch. Birchpfeiffer. Complimentarbenefiz für Frau Ottilie Genée.

Repertoir-Verzeichniss.

1879—80.

CALIFORNIA THEATRE.

Sonntag,	3. Aug.	Dr. Klaus. L. 4 A. v. L'Arronge. 1. Auftreten von Frl. M. Walden und Herrn O. Diehl.
"	10. "	Jungfrau von Orleans. Tra. 5 A. v. F. v. Schiller. 1. Auftreten von Frau Magda Irschick, als Gast.
"	17. "	Brunhild. Schau. 5. A. v. Emanuel Geibel.
"	24. "	Die bezähmte Wiederspänstige. L. 4 A. v. Shakespeare. — Monsieur Herkules. P. 1 A. v. Belly.
"	31. "	Deborah. Schau. 4 A. v. Mosenthal.
"	7. Sept.	Die beiden Waisen. Schau. 4 A. v. d'Ennerey und Carmon.
"	14. "	Griseldis. Schau. 5 A. v. Halm.
"	21. "	Medea. T. 4 A. v. Grillparzer. Abschiedsbenefiz für M. Irschick.
"	28. "	Hasemanns Töchter. L. 4 A. v. L'Arronge.
"	5. Oct.	Die Kinder des Kapitain Grant. Ausstattungsstück 7 B. v. J. Verne.
"	12. "	Harun al Raschid. L. 4 A. v. Moser.
"	19. "	Scenen aus: Die lustigen Weiber. Op. 3 A. v. Nicolai. — Hans und Hanne. P. 1 A. — Die Unglückliche. L. 1 A. nach Kotzebue v. Schneider. Benefiz für Julius Witt, unter gef. Mitwirkung von Karl Formes, Frau Inez Fabry, J. Müller und Frau Lafontaine.
"	26. "	Die Lachtaube. P. 3 A. v. Jacobson. 1. Auftreten von Bertha Fiebach.
"	2. Nov.	Hotel Klingebusch. P. 4 A. v. Salingre.
"	9. "	Emmas Roman. L. 4 A. v. Kn isel.
"	16. "	Durchgegangene Weiber. P. 5 A. v. Berla.
"	23. "	Tricoche und Cacolet. P. 5 A. v. Treumann. Benefiz für M. Freemann.
"	30. "	Das bemoste Haupt. L. 4 A. v. Benedix.
"	7. Dec.	Sodom und Gomorrah. Schw. 4 A. v. Schönthau. 1. Wiederauftreten von Frl. Mundt-Mühlbach. Benefiz für H. Kadelburg.
"	14. "	Lorle, oder Dorf und Stadt. L. 5 A. v. Ch. Birch.
"	21. "	Die Kohlenschulzen. P. 5 A. v. Jacobson und Görlitz.
"	28. "	500,000 Teufel. P. 6 B. v. Jacobson.
"	4. Jan. '80	Kabale und Liebe. T. 4 A. v. F. v. Schiller. Benefiz für Eugenie Lindemann.
"	11. "	Von Stufe zu Stufe. P. 5 A. v. H. Müller.
"	18. "	Ein Wiener Kind. Vo. 4 A. v. A. Langer. Benefiz für F. Urban.
"	25. "	Unser Zigeuner. L. 3 A. v. Justinius. — Robinson Crusoe. Colvilles englische Operettengesellschaft.
"	1. Feb.	Ein alter Postillon. Ch. B. 3 B. v. Grün. Concert von Aug. Wilhelmj.
"	8. "	Die Karlsschüler. Schau. 5 A. v. Laube. Benefiz für Fanny Witt.
"	15. "	Eine stille Familie. Schw. 4 A. v. Justinius. Concert von Henry Ketten. Benefiz für die Nothleidenden in Schlesien.
"	22 "	Waldlieschen. Ch. B. 4 A. v. Elmar. Benefiz für Bertha Fiebach.
"	29. "	Wohlthätige Frauen. Ch. B. 4 A. v. L'Arronge.
"	7. März	Der Actien Budiker. P. 4 A. v. Kalisch. Gastspiel von O. Reiffarth. Benefiz für B. Hirsch.
"	14. "	Lumpaci Vagabundus. P. 4. A. v. Nestroy. Gastspiel von O. Reiffarth. Benefiz für O. Diehl.
"	21. "	Der Ball zu Ellerbrunn. L. 3 A. v. Blum. Benefiz für Frl. Mundt-Mühlbach.
"	28. "	Eine brillante Verlegenheit. L. 1 A. v. Denike. Concert von Jenny Landsmann.

CALIFORNIA THEATRE.

Sonntag,	18. Juli	Die Lachtaube. P. 3 A. v. Jacobson. 1. Wiederauftreten von Max Lube und Frau, und Leonhard Scherer. 1. Auftreten von Fred Bockel.
"	25. "	Einer von unsere Leut. P. 3 A. v. Berg und Kalisch.
"	1. Aug.	Quecksilber. Schw. 4 A. v. Treptow. — Dr. Peschke. P. 1 A. v. Kalisch.
"	8. "	Die beiden Reichenmüller. Vo. 3 A. v. Anton Anno.
"	15. "	Blaubart. Opert. 4 A. v. Offenbach. 1. Auftreten von Josephine Pagay.
"	22. "	Die Fledermaus. Opert 3 A. v. Strauss und Genée.
"	29. "	Prinz Methusalem. Opert. 3 A. v. Strauss.

REPERTOIR-VERZEICHNISS.

1880—81.

Sonntag, 5. Sept. Robert und Bertram. P. 4 A. v. Röder. Abschiedsbenefiz für M. Lube.
" 12. " Der Seekadet. Opert. 3 A. v. R. Genée.
" 19. " Therese Krones. Vo. 4 A. v. C. Haffner.
" 26. " Die Büste. L. 2 A. v. F. Zell. — Versprechen hinterm Herd. Ldsp. 1 A. v. Baumann.
" 3. Oct. Das Blitzmädel. P. 4 A. v. Costa.
" 10. " Die Pfarrers-Köchin. Vo. 4 A. v. Berg.
" 17. " Der jüngste Lieutenant. P. 4 A. v. Jacobson. Unter gefälliger Mitwirkung der Turn-Section, Zöglinge, Schüler und Schülerinnen des Vereins "Eintracht", unter Leitung ihres Lehrers Louis Gerichten.
" 24. " Der Zugvogel. Schw. 4 A. v. Moser und Schönthau, Benefiz für H. Kadelburg.
" 31. " Wohlthätige Frauen. Ch. B. 4 A. v. L'Arronge.
" 7. Nov. Der Verschwender. Z. P. 5 A. v. Reimund.
" 14. " Fortunios Liebeslied. Opert. 1 A. v. Offenbach. — Migräne L. 1 A. v. Gustav Kadelburg. — Zweiter Akt der Fledermaus. v. Strauss und Genée. Abschiedsbenefiz für Josephine Pagny.
" 21. " Die neue Magdalena. Schau. 3 A. v. Collins. 1. Auftreten von Frau Maria Wolff.
" 28. " Ein vornehme Ehe. Schau. 5 A. v. Laube.
" 5. Dec. Marie Anne. Schau. 5 A. v. J. Mendelsohn.
" 12. " Donna Diana. L. 4 A. v. West.
" 19. " Gräfin Lea. Schau. 5 A. v. Paul Lindau.
" 26. " Das böse Fräulein. Ch. B. 5 A. v. Kneisel.
" 2. Jan. '81 Phillipine Welser. Vo. 5 A. v. Retwitz.
" 9. " Anti Xantippe. L. 5 A. v. Kneisel.
" 16. " Adrienne Lecouvreur. Dr. 4 A. v. Scribe. Benefiz für Marie Wolff.
" 23. " Maria Theresia. L. 5 A. v. Sacher Mosach.
" 30. " Fernande. Schau. 4 A. v. Mauthner.
" 6. Feb. Königslieutenant. Schau. 4 A. v. Gutzkow.
" 13. " Die Lieder des Musikanten. Vo. 3 A. v. Kneisel. Benefiz für F. Urban.
" 20. " Mathilde. Schau. 4 A. v. Benedix. — Die Rekrutirung im Krähwinkel. P. 1 A. v. Flamm.
" 27. " Ein Mädchen vom Ballet. L. 5 A. v. Börnstein. Benefiz für B. Hirsch.
" 6. März Glas Wasser. L. 5 A. v. Assmar.
" 13. " Frou-Frou. Schau. 5 A. v. Mauthner. Abschiedsbenefiz für Marie Wolff.
" 20. " Die Perle von Savoyen. Ch. B. 5 A. v. Lemoine. Einmaliges Auftreten von Alwine Heynold.
" 27. " Die Herren Eltern. L. 3 A. v. Hirschel.
" 3. April Der kleine Richelieu. L. 2 A. v. G. Heine. — Concert. Complimentar Benefiz für Frau Ottilie Genée.

BALDWIN THEATRE.

Sonntag, 14. Aug. Krieg im Frieden. L. 5 A. v. Moser und Schönthau. 1. Auftreten von Frl. Eugenie Ormay, Frl. Elsa Selden, Frau Fanny Heller, Herrn Herrmann Waeser, Herrn R. Bojock.
" 21. " Auf eigenen Füssen. P. 5 B. v. Pohl und Wilken.
" 28. " Der Compagnon. Lebensbild 4 A. v. L'Arronge.
" 4. Sept. Damenkrieg. L. 3 A. nach Scribe v. H. Laube. 1. Auftreten von Ida v. Trautmann.
" 11. " Auf der Brautfahrt. L. 4 A. v. Hugo Bürger.
" 18. " Daniel Rochat. Schau. 5 A. v. H. Laube.
" 25. " Der Bibliothekar. Schw. 4 A. v. G. v. Moser.
" 2. Oct. Die Bluthochzeit. Schau. 4 A. v. Lindner.
" 9. " Sein Varzin. Schw. 4 A. v. C. Wald. Benefiz für H. Kadelburg.
" 16. " Ihre Familie. Vo. 4 A. v. Engels.
" 23. " Rosenmüller und Finke. L. 5 A. v. Töpfer. Benefiz für R. Bojock.
" 6. Nov. Unter der Erde. Ch. B. 4 A. v. Elmar. Benefiz für F. Urban.
" 13. " Geyer Wally. Schau. 6 B. v. W. v. Hillern.

Repertoir-Verzeichniss.

1881—82.

Sonntag, 20. Nov.	Die Memoiren des Teufels. L. 3 A. v. L. Schneider. — Ein Knopf. Schw. 1 A. v. Rosen. 1. Auftreten von Carl Sontag, als Gast.	
" 27. "	Dr. Vespe. L. 5 A. v. Benedix. — Die wie mir. L. 1 A. v. Roger.	
" 4. Dec.	Die Tochter des Herrn Fabricius. Schau. 5 A. v. A. Willbrand.	
" 11. "	Tartüffe. L. 5 A. v. Moliere. — Die Unglücklichen. Schw. 1 A. v. L Schneider.	
" 18. "	Feenhände. L. 4 A. v. Scribe.	
" 25. "	Dr Klaus. Lebensbild 4 A. v. L'Arronge.	
" 1. Jan. '82	Lorbeerbaum und Bettelstab. Schau. 4 A. v. Karl v. Holtey.	
" 8. "	Der polnische Jude. Ch. B. 3 A. v. Fellechner. — Frauen-Emancipation. Schw. 1 A. v. C. Sontag.	

GRAND OPERA HOUSE.

Mittwoch, 11. Jan.	Hans Jürge. Ch. B. 1 A. v. Holtey. — Die Frau im Hause L. 3 A. v. E. Pohl. Benefiz für Carl Sontag.

BALDWIN THEATRE.

Sonntag, 15. Jan	Stille Wasser sind tief. L. 4 A. v. L. Schröder. — Der Topfgucker. Schw. 1 A. v. Grandjean.
" 22. "	Rosenkranz und Güldenstern. L. 4 A. v. M. Klapp.
" 29. "	Maria und Magdalena. Schau. 4 A. v. Lindau. 1. Wiederauftreten von Frau Maria Wolff.
" 5 Feb.	Nathan der Weise. Dramatisches Gedicht 5 A. v. Lessing.
" 12. "	Die Journalisten. L. 5 A. v. Freitag. Abschiedsbenefiz für Carl Sontag.
" 19 "	Die Näherin. P. 4 A. v. Held und Jacobson. Benefiz für E. Ormay.
" 26. "	Cyprienne. Schw. 3 A. Sardou. Benefiz für H. Wacser.
" 5. März	Sie ist wahnsinnig. Schau. 2 A. v. L. Schneider. — Eine Parthie Piquet. L. 1 A. v. Denike. Erstes Auftreten von Friedrich Haase.
Mittwoch, 8. "	Narciss. Schau. 5 A. v. Brachvogel.
Sonntag, 12. "	Die beiden Klingsberg. L. 4 A. — Ein feiner Diplomat. L. 1 A. nach Scribe v. Majo.
Mittwoch, 15. "	Oliver Cromwell. Schau. 4 A. v. Raupach.
Sonntag, 19. "	Der Königslieutenant. Zeitbild 4 A. v. Carl Gutzkow.
Mittwoch, 22. "	Kaufmann von Venedig. Schau. 5 A. v. Shakespeare, bearb. v. A. W. Schlägel.
Sonntag, 26. "	Die Teufelsfelsen. Schw 4 A. v. Dr. Oscar Blumenthal.
Mittwoch, 29. "	Hamlet. Tra. 5 A. v. Shakespeare, bearb. v. Schlägel.
Sonntag, 2. April	Der Lumpensammler von Paris. Schau. 6 A. bearb. v. Friedrich Haase.
Mittwoch, 5. "	Der Vetter. L. 3 A. v. Benedix. — Die böse Stiefmutter. L. 1 A. v. G. v. Putlitz. Einmaliges Auftreten von Frau Elise Haase.
Sonntag, 9. "	Der Spieler. Schau. 5 A. v. Iffland. Benefiz für Frau Maria Wolff.
" 16. "	Das Fräulein von Seiglière. L. 4 A. v. Laube. Abschiedsbenefiz für Friedrich Haase.

CALIFORNIA THEATRE.

Sonntag, 13. Aug.	Jugendliebe. L. 1 A. v. Willbrand. — Der liebe Onkel. 1. Auftreten der Damen: Frl. Ada Ramm, Emily Fischer, und der Herren: Emil Nieper, Theo. v. Wegern.
" 20. "	Unsere Frauen. L. 5 A. v. Moser und Schönthau.
" 27. "	Die Frau ohne Geist. L. 4 A. v. Hugo Bürger.
" 3. Sept.	Grossstädtisch. Schw. 4 A. v. B. Schweitzer.
" 10. "	Hans Lonei. L. 4 A. v. L'Arronge.
" 17. "	Hans und Grete. Schau. 5 A. v. Spielhagen.
" 24. "	Grössenwahn. Schw. 4 A. v. J. Rosen.
" 1. Oct.	Der Mann im Monde. P 5 B. v. Jacobson.
" 8. "	Reif Reiflingen. Sch. 5 A. v. Moser. Benefiz für Heinrich Kadelburg.
" 15. "	Die Rosa Dominos. Schw. 3 A. v. Schelcher.
" 22. "	Der Jourfix. L. 4 A. v. H. Berger. Benefiz für Frau Fanny Heller.
" 29. "	Alltagsleben. P. 5 A. v. L'Arronge. Benefiz für Frl. Eugenie Ormay.

Louis Thors, Photo 1025 Larkin street

ADOLF LINK.

Repertoir-Verzeichniss.

1882—83.

Sonntag, 5. Nov.		Eine kranke Familie. Schw. 4 A. v. Moser.
„ 12 „		Drei Monate nach Dato. P. 5 A. v. Jacobson. Benefiz für Th. v. Wegern.
„ 19. „		Maria Stuart. T. 5 A. v. F. v. Schiller. 1. Auftreten von Frau Francisca Ellmenreich.

BALDWIN THEATRE.

Mittwoch, 22. Nov. Die Waise von Lowood. Schau. 4 A. v. Ch. Birchpfeiffer.
Samstag, 25. „ Matinee. — Maria Stuart. T. 5 A. v. Schiller.

CALIFORNIA THEATRE.

Sonntag, 26. N v. Adrienne Lecouvreur. Schau. 5 A. v. Förster.

BALDWIN THEATRE.

Donn 30. Nov. Matinee und Abend. — Die bezähmte Wiederspänstige. L. 4 A. v. Shakespeare.
Samstag, 2. Dec. Matinee. — Adrienne Lecouvreur. Schau. 5 A. v. Förster.

CALIFORNIA THEATRE.

Sonntag. 3. Dec. Emilia Galotti. T. 5 A. v. Lessing.

BALDWIN THEATRE.

Samstag, 9. Dec. Matinee. — Emilin Galotti. T. 5 A. v. Lessing.

CALIFORNIA THEATRE.

Sonntag, 10. Dec.		Die Erzählungen der Königin von Navarra. L. 5 A. v. Scribe.
„ 17. „		Kabale und Liebe. T. 5 A. v. Schiller.
„ 24. „		Käthchen von Heilbronn. Schau. 6 A. v. H. v. Kleist.
„ 31. „		Tania. Schau. 5 A. v. R. S. Schewitsch.
„ 7. Jan. '83		Odette. Schau 4 A. v. Sardou.
„ 14. „		Bürgerlich und Romantisch. L. 4 A. v. Bauernfeld.
„ 21. „		Gräfin Lea. Schau. 5 A. v. Lindau.
„ 28. „		Donna Diana. L. 5 A. v. Moretto. Deutsch v. West. Abschiedsbenefiz für Fr. F. Ellmenreich.
„ 4. Feb.		Die Sorglosen. L. 3 A. v. L'Arronge. Benefiz für R. Bojock.
„ 11. „		Durchgegangene Weiber. P. 5 B. v. Berla. 1. Auftreten von Adolf Link.
„ 18. „		Einer von unsere Leut. Ch. B. 5 A. v. Berg und Kalisch.
„ 25. „		Einen Jux will er sich machen. P. 4 A. v. Nestroy.
„ 4. März		Ihr Corporal. P. 5 A. v. Costa.
„ 11. „		Pfarrer von Kirchfeld. Vo. 5 A. v. Anzengruber.
„ 18 „		Darwinianer. L. 3 A. v. Schweitzer.
„ 25. „		Die drei Langhänse. L. 3 A. nach Reuter v. Emil Pohl. Abschiedsbenefiz für Adolf Link

Personal-Verzeichniss.

Saison 1867—68.
Damen: Frau Ottilie Genée, Frl. F. Roland, Frau L. Marks, Frl. E. Meier, Frl. Rohde, Frau B. Schütz.
Herren: Julius Ascher, F. A. Klebs, E. Niemeier, A. Marks, Roberti, Fahrbach, F. W. Kretschmann, Frank, Schütz, Louis, Martini, H. Wed'l.

Saison 1868—69.
Damen: Frau Ottilie Genée, Frl. E. Voeller, Frau C. Niemeier, Frl. L. Marks, Frl. E. Meier, Frau Reiffarth, Frau Mehl, Frau Stern.
Herren: O. Reiffarth, A. Klebs, E. Niemeier, F. W. Kretschmann, Fell, A. Marks, O. Mehl, Richtner, Möller, Herberger, C. Schäfer, H. Wed'l.
Olga von Plittersdorf als Gast.

Saison 1869—70.
Damen: Ottilie Genée, Frl. Roland, Frau Niemeier, Frau L. Marks, Frau E. Meier, Frau B. Schütz, Frau Reiffarth, Frl. Klebs, Frl. E. Voeller Frau Mehl.
Herren: H. Maret, E. Niemeier, L. Scherer, C. Schäfer, O. Reiffarth, A. Klebs, Louis, O. Mehl, Richtner, Möller, H. Wed'l.
Olga von Plittersdorf als Gast.

Saison 1870—71.
Damen: Ottilie Genée, Frl. Roland, Frau Lube Wolff, Frl. Emma Feldmann, Frau L. Marks, Frau E. Meier, Frau B. Schütz, Frau Niemeier.
Herren: M. Lube, H. Maret, L. Scherer, E. Niemeier, A. Klebs, H. Wed'l, C. Frank, C. Schäfer, F. W. Kretschmann, Mehl, Fuhrbach.
Otto von Hoym als Gast.

Saison 1871—72.
Damen: Ottilie Genée, Frau Lube-Wolff, Fr. M. Fleischer, Frl. Fellmann, Frau L. Marks, Frl. E. Meier, Frau Schütz.
Herren: C. Helmer, Max Lube, L. Scherer, A. Klebs, E. Niemeier, C. Frank, F. W. Kretschmann, Louis, Rolf, Fahrbach, C. Schäfer, H. Wed'l.
Frl. Mathilde Veneta und Herr Ernst Rethwisch als Gäste.
Einmaliges Auftreten von Max Sontheim. — Schönfeld als Hinko.

Saison 1872—73.
Oper. — Damen: Frau Inez Fabbri, Frl. Anna Elzer, Frau Mora, Frl. Hendrich, Frau Scherer, Frl. E. Meier.
Herren: J. Müller, L. Scherer, L. Eisenbach, C. Speigler, E. Rethwisch, Schüler, Charles, Pietro Baccei.
Schauspiel. — Damen: Ottilie Genée, Frl. Clara Behrens, Frl. E. Brechting, Frau M. Fleischer, Frau E. Meier, Frau B. Schütz.
Herren: A. Fölger, Ch. Karm, E. Rethwisch, L. Scherer, A. Klebs, H. Wed'l, Fahrbach, Rolf, Fell.

Saison 1873—1874. Kein Theater.

Saison 1874—75.
Damen: Frl. E. v. Stammwitz, Frl. Lina Wassmann, Frau M. Hirsch-Podolska, Frl. M. v. Froben, Frl. E. Meier. Frau B. Schütz, Frau M. Fleischer.
Herren: E. v. d. Osten, A. Varena, A. Lauber, B. Hirsch, L. Scherer, H. Schober, A. Klebs, Weissig, H. Wed'l. Fell.

PERSONAL-VERZEICHNISS.

Saison 1875—76.
Damen: Frl. A. Heynold, Frl. E. Stammwitz, Frau M. Hirsch-Podolska, Frau M. Fleischer, Frl. L. Schmitz, Frl. v. Froben, Frau B. Schütz, Frau E. Meier.
Herren: E. v. d. Osten, A. Varena, A. Lauber, B. Hirsch, L. Scherer, H. Schober, A. Klebs, A. Fischer, H. Wed'l, Fell.

Saison 1876—77.
Damen: Frl. Mundt-Mühlbach, Frl. A. Heynold, Frau A. Schulz, Frau Lauber-Beckmann, Frau M. Hirsch-Podolska, Frau M. Fleischer, Frau E. Meyer, Frau B. Schütz.
Herren: Franz Kirschner, A. Lauber, A. Varena, L. Scherer, Hugo Schulz, Th. Habelmann, B. Hirsch, A. Klebs, H. Wed'l, Fell,

Saison 1877—78.
Damen: Frl. L. Röckel, Frau Lauber-Beckmann, Frau M. Fleischer, Frl. E. Meier, Frau A. Schulz, Frau B. Schütz, Frl. Tettenborn, Frl. Rohde.
Herren: Ferdinand Urban, Max Freemann, B. Hirsch, A. Lauber, H. Brockmann, Hugo Schulz, A. Klebs, L. Duval, H. Wed'l, Fell.
Mathilde Cottrelly und Helene von Rakowitza als Gäste.

Saison 1878—79.
Damen: Frl. Mathilde Cottrelly, Frl. Eugenie Lindemann, Frau M. Fleischer, Frau Fanny Witt, Frau E. Meier, Frau B. Schütz.
Herren: Heinrich Kadelburg, B. Hirsch, Ferdinand Urban, M. Freemann, Julius Witt, L. Koch, H. Wed'l, A. Klebs, L. Duval.

Saison 1879—80.
Damen: Frl. Eugenie Lindemann, Frl. Mary Walden, Frau Fanny Witt, Frl. Bertha Fiebach, M. Fleischer, Frl. Mundt-Mühlbach, Frau E. Meier, Frau B. Schütz.
Herren: Heinrich Kadelburg, B. Hirsch, Ferdinand Urban, Julius Witt, H. Wed'l, A. Fischer, L. Duval.
Frau Magda Irschick als Gast.
Zweimaliges Auftreten von Herrn O. Reiffarth.
Concert von August Wilhelmj und Henry Ketten.

Saison 1880—81.
Damen: Frl. E. Lindemann, Frl. Mundt-Mühlbach, Frau M. Fleischer, Frau E. Meier, Frau B. Schütz, Frl. B. Fiebach.
Herren: H. Kadelburg, F. Urban, B. Hirsch, F. Bockel, L. Scherer, E. Niemeier, A. Fischer, Duval, H. Wed'l.
Max Lube und Frau, Josephine Pagay und Marie Wolff als Gäste.

Saison 1881—82.
Damen: Frl. Eugenie Ormay, Frl. Elsa Selden, Frau Fanny Heller, Frau M. Fleischer, Frl. Ida von Trautmann, Frau Marie Wolff, Frau E. Meier.
Herren: H. Kadelburg, R. Bojock, F. Urban, B. Hirsch, H. Waeser, L. Scherer, E. Niemeier, A. Fischer, H. Wed'l.
Carl Sontag und Friedrich Haase als Gäste.

Saison 1882—83.
Damen: Frl. Ada Ramm, Frl. Eugenie Ormay, Frl. Emily Fischer, Frau Fanny Heller, Frau M. Fleischer, Frl. Kühl.
Herren: Heinrich Kadelburg, Reinhold Bojock, B. Hirsch, Emil Nieper, Th. v. Wegern, L. Scherer, E. Niemeier, E. Carlmüller, Hans Wed'l, Schäve, Siebert.
Franciska Ellmenreich und Adolf Link als Gäste.

Haupt-Kassirer: Solomon Hirsch. | Abend-Kassirer: Alphonso Hirsch.

Empfehlenswerthe Geschäfte.

ARION HALLE,

Bohemian Headquarters,

S. E. Corner Sutter and Kearny Sts.

Henry Grimm, - Proprietor.

SAN FRANCISCO.

A. ASMANN,

69 & 70 CALIFORNIA MARKET,

Manufacturer of Mustard, Horse Radish, Pickles, Sauerkraut, Worcester Sauce, Catsup, Salad Dressing, Caviar, Salt and Spiced Fish. Only best articles kept at lowest Market Rates.

Dealer in Butter, Cheese, Eggs, Oil, Vinegar, Jelly, Table Fruit, Honey, Holland Herring, Cod Fish, Hams, Olives, Canned Meats, Etc., Wholesale and Retail. Goods delivered. Country orders promptly attended to.

Branch Store, 1903 Fillmore Street.

Daily Sweet and Sour Cream, Fresh Butter, Buttermilk and White Cheese.

A. Finke's Widow,

Manufacturer of

CALIFORNIA CHAMPAGNE,

809 Montgomery St.,

Bet. Jackson and Pacific.

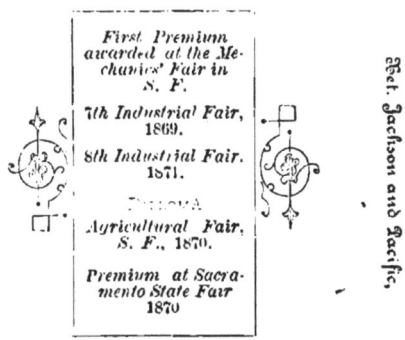

First Premium awarded at the Mechanics' Fair in S. F.

7th Industrial Fair, 1869.

8th Industrial Fair, 1871.

Agricultural Fair, S. F., 1870.

Premium at Sacramento State Fair 1870

SAN FRANCISCO.

JACOBS & CO.

Manufacturers and Dealers in

Ladies' Children's AND Infant's WEAR,

226 Kearny Street,   **Near Bush St.**

San Francisco.

Girls' Gabriels, Sailor Suits, Kits, Blouses,
Pleated Oxfords, Ladies' Underwear,
Infants' Wear, Hosiery and Fancy Goods.
Children's Wear in large variety at Low Prices.

☞ Parcels Delivered to Oakland, Alameda and Brooklyn Free of charge.

<u>Ladies' Hair Dressing.</u>   <u>Practical Wig Making.</u>

Wholesale and Retail.

Goldstein & Cohn,

Importers

of

HUMAN HAIR

and Manufacturers of

SWITCHES, CURLS, CHIGNONS,

822 Market Street,

Phelan's Building.   San Francisco.

The Wigs used in the German Theatre are furnished by us.

Theatrical and Masquerade Wigs to let.   Ladies' and Children's Hair Cutting.

Combings made up in any style.   Country Orders promptly attended to.

THE CELEBRATED
New improved
RICHMOND RANGE,

The most Economical, Durable, and Cheapest Range in the market.

A Richmond Poet says:

Long had I looked and searched and sought
Both Stoves and Ranges too I bought;
And every kind on earth I tried,
And yet with none felt satisfied.
Hope shed at last one dazzling ray,
The new improved Richmond Range I saw one day,
I found at length the thing I sought,
I went-examined it-and bought.

Winthrop, Model, Medalion, Olive, Elite and French Ranges constantly on hand, Tin, Wooden and Enameled Ware.

SCHUSTER BROS.,
No. 306 Sutter Street, — near Dupont, — San Francisco, Cal.

*Pioneer Wine House
established in 1854.*

*Vineyards in Sonoma
and Los Angeles Co's.*

Kohler & Frohling,

Growers of and Dealers in

*Cal. Wines and Brandies,
626 Montgomery St.
San Francisco.*

R. FINKING,

⇾ Merchant ✦ Tailor,

341 Kearny Street,

BETWEEN BUSH & PINE,   SAN FRANCISCO, CAL.

Every Garment Guaranteed to Fit.

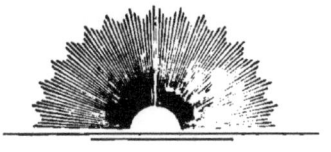

MRS. ADCOCK,

Has just returned from the East, where she has selected an elegant assortment of

at Very Reasonable Prices. Call and Examine!

San Francisco.

OPENING DAYS:

Wednesday, Thursday, March 21 & 22.

10 Kearny Street.

J. Gundlach.

Chas. Bundschu.

J. GUNDLACH & CO.

Weinbergbesitzer,

Händler ❖ und ❖ Exporteure

von

Californischen Weinen

und

BRANDIES

Haupt Depot, Ecke Market und Second St.,

San Francisco.

Edward Cohn.      Julius Berger.

Edward Cohn & Co.

Importers of HAVANA CIGARS

225 MONTGOMERY ST.

Russ House Block,

SAN FRANCISCO.

1863.   Established Twenty Years.   1863.

AND

SUPPLIES.

General Agency FOR Mme. Demorest's Cut Patterns AND Publications.

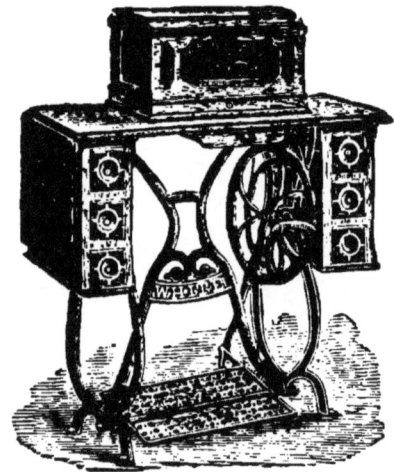

General Agency FOR Mme. Demorest's Cut Patterns AND Publications.

Headquarters for Everything in the Sewing Machine Trade.

Before purchasing elsewhere do not fail to send for Circulars and Price Lists to

Samuel Hill,

General Agent and Dealer,

No. 634 Market Street,   San Francisco, Cal.

[Opposite Palace Hotel.]

☙ CHEAP ☙
CASH ✢ GROCERS.
Wm. Bædefeld & Co.
Wholesale and Retail Dealers in
Choice Wines, Liquors, Cigars, Tobacco, Etc.
1115 Folsom Street,

Between 7th and 8th Sts.   S. W. Corner Langton St.

Theodor Dierks,

Deutscher ✢ Leichenbestatter.

757 Mission Street,

Nähe der St. Paulus Kirche,   *zw. 5ter und 6ter.*

San Francisco, Cal.

Established by Daniel Nocross, in 1849.

NORCROSS & CO.,

Manufacturers and Importers of

REGALIA

Military Goods, Flags, Banners, Paraphernalia, &c.

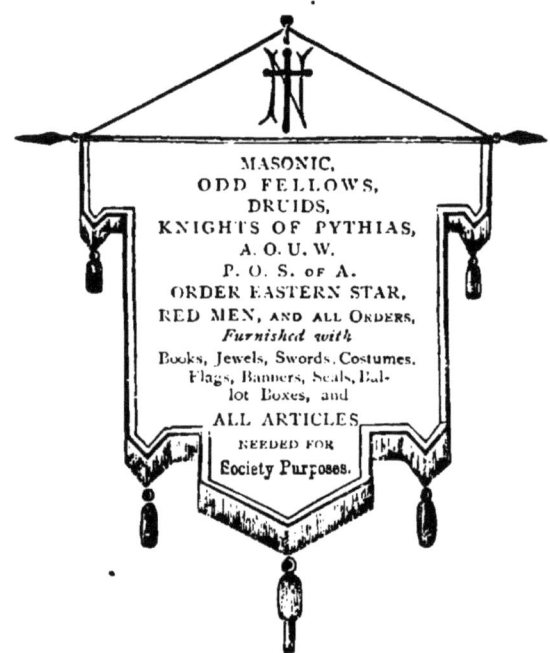

MASONIC,
ODD FELLOWS,
DRUIDS,
KNIGHTS OF PYTHIAS,
A. O. U. W.
P. O. S. OF A.
ORDER EASTERN STAR,
RED MEN, AND ALL ORDERS,
Furnished with
Books, Jewels, Swords, Costumes,
Flags, Banners, Seals, Ballot Boxes, and
ALL ARTICLES
NEEDED FOR
Society Purposes.

NO. 6 POST STREET.

Masonic Temple.   San Francisco, Cal.

Knight Templars' Costumes, a Specialty.

C. Herrmann.   Frank Veen.

C. Herrmann & Co.,

(Herrmann, the Hatter.)

HAVE THE LARGEST STOCK OF

FINE HATS AND CAPS.

TO CHOOSE FROM ON THIS COAST!!

Our Hats are acknowledged to be the best made and our prices are invariably the lowest possible consistent with the high standard of our goods.

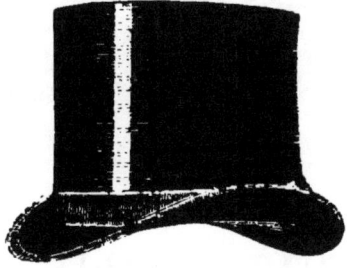

Having our own Factory at No. 17 Belden Street, we are prepared to make anything in the line of HATS and CAPS to order at short notice.

336 KEARNY STREET,

Between Bush and Pine Sts.

Send for Handsomely Illustrated Catalogue.

C. HERRMANN & CO.
336 KEARNY STREET,   SAN FRANCISCO.

Albany Brauerei,

71 = 75 Everett Street,

San Francisco.

F. Hagemann & Co.

Unser vorzügliches Flaschen = Bier wird Kunden frei in's Haus geliefert.

BILLIARDS.

[Established 1852.]

JACOB STRAHLE & Co.

Billiard Manufacturers,

And Sole Owners for Pacific States of the

Celebrated Delaney Steel Spring Cushions,

Have removed their office, factory and warerooms to

515 Market Street,

Opposite Bush and Battery streets.

Our present location is much more desirable, and, with a view to our patrons' and the public's benefit, our offices are on the ground floor [or store], where an elegant and immense display of

Billiard Goods, Bar Fixtures, Ten-Pin Goods, Sporting, Gymnasium and Skating Goods.

Is exhibited in attractive and unique variety.

Our BILLIARD TABLE warerooms, on the first floor, carpeted and filled with the choicest and latest styles of Billiard Tables, invite as usual the attention of purchasers. We occupy the entire building, the other floors being used for the different departments of our manufactory.

☞ **Beware of Frauds.** ☜

Dr. JUSTIN GATES'
Turkish & Russian Steam Baths,
722 Montgomery St.

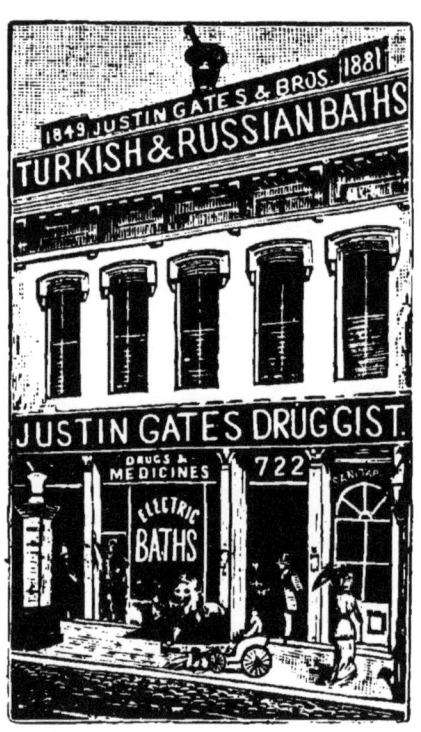

—Thermal Electric and Chemical Baths—

Sulphur and other Medicated Vapor Baths.

Special Apartments for Ladies and Families.

For Luxury and Medicinal Effect these Baths are not surpassed.

Entrance at Steam Bath Drug Store,
722 Montgomery Street, Near Washington St., San Francisco.

Dr. Justin Gates, Prop.

MR. DICKEY. AT HOME, San Francisco, December 12, 1878.
It is with great pleasure I recommend to the use of the profession your *Creme de Lis*.
It is all that it claims. It is a perfect. ROSE WOOD.
MR. GEO. S. DICKEY. THE BALDWIN, San Francisco, March 1, 1879.
Your *Creme de Lis* is superb; it cannot be too highly praised; there can be but one opinion in regard to it, which is duly expressed in the word — *Perfection*. CLARA MORRIS.

FOR BEAUTIFYING AND PRESERVING COMPLEXION,
and imparting a fresh youthful appearance, endorsed by Dramatic and Lyric Artist.

August Reusche,
(Nachfolger von A. J. SAULMANN.)
Restaurant, Deutsche Bæckerei und Conditorei.
520 California Street.

einziges Depot des berühmten
Westphälischen Schinken,
  Aechtem russischen Caviar,
    Braunschweiger Cervelatwürsten.

Alle Sorten Torten und Kuchen, sowie auch Ice-Cream vorräthig und auf Bestellung pünktlich angefertigt. Das feinste Milch- und Braunbrod, sowie Hamburger Rundstücke in verschiedenen Grössen täglich frisch.
Stets auf Lager: die vorzüglichsten Rheinweine, Rothweine, California Weine und BOCA-BIER.

☞ *The only Lager Beer Brewed on the Pacific Coast.*

BOCA

Brewing Company

GENERAL OFFICE:
Berry Street, near 5th.

BRANCH OFFICE:
406 Sacramento Street.

San Francisco.

WM. HESSE, Superintendent.

BREWERY AT BOCA, NEVADA COUNTY, CALIFORNIA.

Fralinger & Co.,

THE LEADING

CLOAK

AND
SUIT HOUSE,

105 KEARNY STREET,
SAN FRANCISCO.

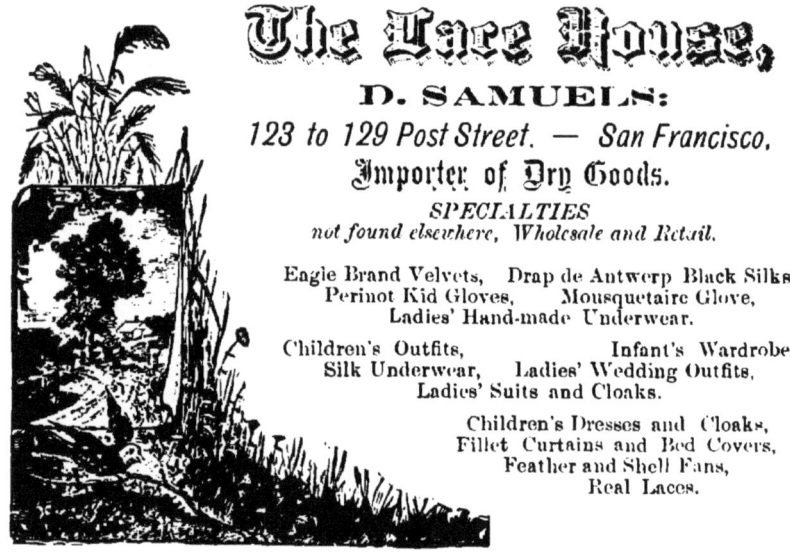

The Lace House,

D. SAMUELS:

123 to 129 Post Street. — San Francisco.

Importer of Dry Goods.

SPECIALTIES
not found elsewhere, Wholesale and Retail.

Eagle Brand Velvets, Drap de Antwerp Black Silks
Perinot Kid Gloves, Mousquetaire Glove,
Ladies' Hand-made Underwear.

Children's Outfits, Infant's Wardrobe
Silk Underwear, Ladies' Wedding Outfits,
Ladies' Suits and Cloaks.

Children's Dresses and Cloaks,
Fillet Curtains and Bed Covers,
Feather and Shell Fans,
Real Laces.

Matthias Gray,

Größte Musikalien-Handlung der Pacific-Küste,

Agentur der berühmten Pianos von

STEINWAY & SONS, ERNST GABLER,
KRANICH & BACH, C. ROENISCH,
sowie der BURDETT ORGELN.

Violinen, Guitarren, Flöten, Blechinstrumente, Harmonicas, sowie musikalische Instrumente jeder Art in reichster Auswahl. Reichhaltigstes Lager americanischer und importirter Musikalien.

GROSS- UND KLEIN-VERKAUF.

206 Post Street,   **San Francisco.**

W. E. CHAMBERLAIN, JR.   THOS. A. ROBINSON.

Established 1864.

The Oldest,
The Best.

THE MODEL COMMERCIAL SCHOOL OF THE COAST.

This is the oldest and most efficient Business College on the Pacific Coast. It is first class in all its appointments. It possesses superior facilities for imparting to both sexes a first class Commercial Education, a practical knowledge of Telegraphy, thorough instruction in the English and Mathematical branches, Penmanship and Modern Languages.

Day and Evening Sessions during the Entire Year.

LIFE SCHOLARSHIPS, - - - - - - - $70.

PAID IN INSTALLMENTS, $75.

For full particulars call at at the College Office, 320 Post St., or send for a Circular.

JAHN & FOSTER,

Manufacturers & Dealers in

Masquerade & Theatrical Costumes

Grand Opera House, San Francisco.

Costumes for the German, Baldwin, Bush St., and California Theatres.

Orders for all parts of the Country promptly filled.

California Safe Deposit & Trust Co.

326 Montgomery Street, San Francisco.

Capital, (Authorized) $2,000,000.
Paid up, - - $800,000.

J. D. FRY, President.
WM. CUNNINGHAM, Sec'y.
C. R. THOMPSON, Treasurer.
Late of Union Trust Co. of N. Y.

DIRECTORS:
J. D. FRY, SAMUEL DAVIS, HENRY WADSWORTH, F. H. WOODS, I. G. WICKERSHAM,
C. F. MACDERMOT, LLOYD TEVIS, G. L. BRADLEY, CHAS. MAIN, JAS. H. GOODMAN.

INTEREST ALLOWED ON DEPOSITS.—Deposits received, and Certificates of Deposit issued.

☞ Office Hours: Trust Department 9 A. M. to 4 P. M.; Safe Deposit Vaults, 8 A. M. to 6 P. M.

This Company will act as Agent of Corporations, Estates, Firms and Individuals for the care of Securities, Real Estate and Personal Property of all kinds, the collection of Interest and Rents, and will transact business generally, as Trustees for property and interests entrusted to its care.—Will act as Transfer Agent or Registrar of Transfers of Stock, and as Trustee under True Mortgages of Incorporated Companies.—Will hold Powers of Attorney, and make collections and remittances, Purchase Drafts, Bullion, Foreign Money, Exchange, &c. Buy and Sell Securities, Make Investments, and Negotiate Loans.

Loans made on collateral security at low rates.
Will act as Executor and Administrator of Estates, and pay annuities, etc.
Non-residents and persons unable to attend their financial matters personally will have their interest looked after with the utmost care.

The Safe Deposit Vaults, containing 4,600 safes of different sizes, with rental from $2 to $20 per month, or from $12 to $200 per year, according to size and location, offer the most absolute security to the property of renters, who have entire control of the safes they rent, under the regulations of the Company, which have been carefully made, to ensure security and to facilitate the business of patrons. Silverware, jewelry, trunks of valuable articles, bullion, coin, books and papers of mercantile houses (ledgers, which will be received or delivered at any time during the day or night), and personal property of all kinds received for safe-keeping.